絶対に消えない「やる気」の起こし方

なぜか、努力が空回りしているあなたへ

浮世満理子● Mariko Ukiyo
心理カウンセラー&メンタルトレーナー

はじめに

なぜ、目標や夢を達成できずに失敗ばかりを繰り返すのか？

多くの人たちが「自分の夢や目標を実現させたい」「仕事やプライベートを充実させたい」と願っています。例えば「仕事で成功したい」「英語が話せるようになりたい」とか、「ダイエットを継続して、やせたい」といった願いは、本来誰しも持っているはずです。

はじめた当初はやる気があったにもかかわらず、人はなぜ仕事で失敗を繰り返したり、英会話のレッスンやダイエットが続かなくなり、本人の願っていた成果が得られないのでしょうか。

「やる気さえあれば、何でもできる」とよくいいます。一方で、成功しなかったことや続かなかったことに対して、私たちは自然と**「途中でやる気がなくなって」**とか**「誘惑に負けちゃって」**と言い訳をしています。

誰もがやる気の大切さを知っています。多くの目標や夢は、自分が努力を重ねていくことで叶うはずだとわかっています。そして、その考えは正しく、実際に人生において、努力をすれば、大抵のことは叶うものだと思います。

ただ、その努力をするための、**やる気が起きなかったり、長続きしないのが多くの現代人の悩み**ではないでしょうか。

メンタルトレーナーとしての実績

私はこれまでメンタルトレーナーとして、数多くのトップアスリートや著名人、ビジネスマンの方々のモチベーション、つまり「やる気」を高めて、個々の目標を実現させてきました。

そのアスリートのなかには、アテネオリンピックの男子体操団体でキャプテンとしてチームを率い、金メダルを獲得した米田功さんや、プロテニスプレイヤーとして全日本選手権のシングルスとダブルスで優勝し、9つものタイトルを持つ岩渕聡選手がいます。

皆さんのなかには、金メダリストや全日本のチャンピオンは、もとより才能豊かで、幸運に恵まれていると考える人もいるでしょう。しかし、彼らを見ていると、**いかに「やる気」を持続させる条件を備えて、「習慣化」し、日々の生活のなかで自然に実践しているか**がよくわかるのです。

やる気を持続する「法則」と、起こす「スイッチ」

やる気を起こしたり、持続するには、ある一定の法則があり、それに則《のっと》っていけば、おのずと達成感や成果が得られるようになります。

以前、男性アイドルグループのメンバーのおひとりが、東京ドームでのライブのなかでバンジージャンプに挑戦する際、当日のメンタルトレーニングを担当させていただいたことがありました。

彼はこれまでテレビ番組やライブのなかで、たびたびバンジージャンプに挑戦してきたのですが、不安と恐怖に苛《さいな》まれて、一度も飛ぶことができなかったのです。

テレビ収録もあるライブの最終日、私は彼に飛ぶことを一切強要せずに自主性に任せ、不安や恐怖の根本を見直していきました。その結果、彼は苦手な高所からのバンジージャンプを見事成功させたのです。

私たちが東京ドームでバンジージャンプをする機会はそうありません。しかし、新たな挑戦をするときに、その先にある不安や恐怖に苛まれて身がすくみ、立ち止まってしまうことは、ままあるのではないでしょうか。また、人生の土壇場や、プレッシャーのあるなかで、何かを成し遂げたり、結果を出さなければいけない場面も出てくるでしょう。

自分の「やる気」のスイッチを押し、そのやる気を持続させられたら、確実に小さな達成が得られ、その積み重ねによって、掲げていた夢や目標が実現していくのです。

仕事術や英語の学習法を学ぶように、「やる気」のハウツーも学ぶことができます。本書では、皆さんにやる気を持続する「法則」と、起こす「スイッチ」をお伝えしていきたいと思います。

「やる気」を持ちづらい現代

そもそも「やる気」とは、何なのでしょうか。平たくいうと、**自分のなかの夢や目標に向かって、「やるぞ」と思う意識のこと**です。

先ほども少し触れたように、**やる気とは本人の才能や気合い、意思の強さなどによるものではありません。**ある一定の法則によって、誰でも上がったり下がったりするものだと覚えておいてください。

さらに、やる気が起きなかったり、保てない原因は、今の時流にもあるのです。

現在の40代のビジネスマンたちが生まれた、1960年代の日本は、高度経済成長期でした。彼らの親の世代は、「家を持ちたい」「車を買いたい」といった、確固たる目的を持っていました。今は貧しくとも、一生懸命働くことで、いつかこの集合住宅から抜け出して、一軒家を持つというような、明確な目標があったのです。

「車を買った」「家を建てた」「テレビを手に入れた」という、物質的な目標はとても明確です。要は、3年間頑張って働いたら、車が買えるというように、目に見えてわかりやすい成果が出るし、達成感も味わえるので、やる気を持ちやすいのです。

目標が明確な時代は、社会自体が目標を設定してくれたので、個人は何も考えなくても社会の目標に向かって頑張っていれば、やる気が保てたのでした。

立ち止まっていても生きていける時代

では、今の20代から40代の人たちのなかで、最新の薄型テレビのために働く人がどれぐらいいるでしょうか。新製品は欲しいけれど、今あるものでも許せるし、それに向かって働くほどのやる気は出ないと思いませんか？

現代は、社会が多様化してきたことで、〝やる気の源〟が物質の獲得というわかりやすいものではなくなり、人それぞれになってきました。人によっては、家を持つことだったり、好きな仕事に就くことだったりするのです。

例えば、小説家になりたい人がいたとします。はじめは非常にやる気があって、頑張って書き続けていました。でも、そのうちに貯金もなくなり、何も買えないとなったときに、ふと「本当に向いているのかな」「自分って何だろう」と思いはじめます。そうなると、書くことや、小説家になる目標へのやる気が著しく低下してしまうのです。

目下の目標を見失ってしまい、次に何をするかと考えたときに、特に働きたいわけでもないし、何をしていいのかわからなくなります。

ただ、**昔はどうしていいのかわからなくなる以前に、立ち止まっていては食べていけなかったのです。**今は行動に移さずとも、生きてはいられるので、立ち止まりやすくなってしまいました。

ほかには、個性化教育のメッセージが浸透し過ぎたために、「人と一緒ではいけない」「自分はオンリーワンでないといけない」という思いが強くあり、ますますどこに向かっていけばいいのかわからないのが現状です。

人生は海、あなたは船。そしてエンジンを動かすのが「やる気」

皆さんは今、自分という船に乗って、人生という大海に漕《こ》ぎ出ています。

航海は順調でしょうか。不況という不安な時代の嵐に見舞われ、船が木の葉のように揺さぶられて、前に進めなくなったり、目的地を見失ったりすることはないでしょうか。

また、船自体が失速したり、エンジンのかけ方がわからなくなることはないでしょうか。

本来、人生という海は四方に広がっていて、大陸であっても小さな島であっても、本人さえ望めば、どこへでも行けるはずです。

しかし今、自分という船はどこへ向かいたいのか、目的地すらわからないのです。

または目的地はあったとしても、漠然と思うだけで、向かうべき方角がわかりません。わからないなりに一時はやみくもに突き進んだとしても、目的地に辿り着けずに疲れを感じ、結局はやめてしまうのです。

向かうべき目的地や方角が明確にわからないから、船のエンジンを切って、ただ波に漂っている――。これが多くの現代人の現状です。もちろん、波に漂っているだけでは、船はどこへもたどり着けません。

あなたがこれまで三日坊主になりがちだったことも、達成できなかったことも、目的地の位置が明確でなく、当てなく海を彷徨《さまよ》っていたからかもしれません。

船のエンジンをかける気がしないというのは、やる気が出ないということです。

つまり、**目標が社会のなかで多様化してきて、明確ではなくなったぶん、やる気を持ちにくい時代になったといえる**でしょう。

「目的地」が無いままではエンジンをかけられない

本書のなかで皆さんにぜひ考えてほしいのは、やる気を社会に与えられていた時代は、楽だけど、ひずみもありました。例えば、好きな仕事をしている人は、異端児だとか親不孝だと見られていたのです。社会が画一的なときは、そこからはみ出すと、異端のレッテルを貼られてきました。

現代では、目標が人それぞれに自由に認められるようになりました。一方で、**自分にこれといった目標がないと、エンジンをなかなかかけにくい時代にもなった**のです。

船が走っていないと、船底に藻やゴミが付着するように、人間も何かしら目標に向かって、適度にバランスを持って進んでいないと、船と一緒で藻が付いてきます。

船が止まり続けるうちに、船底が腐食しはじめたとしたら——浮いていることも困難になるかもしれません。

だからこそ、私たちは現状を打破するべく、動きたいのです。しかし、最初のエンジンのかけ方がわからず、エンジンをかけたとしても、どこに向かっていいのか定かでないのです。

自分で自分の「目的地」を決めて船を漕ぎ出そう

この本を手に取った方たちは、多くの失敗や挫折を繰り返しながら、それでも自分の船をしっかり動かしたいはずです。そして目的地に向かって頑張ること、その目的地にたどり着くことを夢見ているはずです。

本書では、船にエンジンをかけること、すなわち「やる気の起こし方」、エンジンが円滑に動くように「やる気を持続する方法」、船が目指す目的地である「目標の定め方」を解説していきます。

これらをマスターすると、船は適切なスピードで目的地に向かって進み出します。そして、それは**人生の目指すところに向かって適切に動き、生産活動をすること、つまりヒト本来の姿を取り戻すこと**でもあります。

「やる気」のある人は、誰が見てもイキイキと輝いていますよね。

社会や周りから与えられた目標ではなく、自分の内側から湧《わ》いてくる目標を見つけ、しっかりと意識していけば、心身ともに健康で、輝いて過ごしていけます。そして、不況で暗くなった今の時代を乗り切る、力になっていくでしょう。

浮世満理子

やる気を起こすための

ワークシート

No.1

「自分を知る」編

●好きなことや好きな人、好きなものを自由に挙げてみましょう。

野球観戦、大学時代の友人との飲み会、映画鑑賞、旅行、人と話すこと、
パソコン操作、後輩の育成。
両親、彼女、友人、いつも気にかけてくれる直属の上司。
憧れの野球選手はイチロー。
ビール、砂肝、焼肉、ラーメン、スピーカー、イヤフォン

●最近、気になっていることは何ですか？

新しく配属された部署は、海外の取引先が多く、語学力が心配。
健康診断でD判定が出たので、健康面が気になる。
新発売のスピーカーを試してみたい。

●今はまだできないけれど、興味があることは何ですか？

英会話。これから仕事で必要になりそうだし、人と話すことは
好きなので、海外の人たちと直接やりとりできたら楽しいだろうなと思う。

やる気を起こすための

ワークシート

No.1

「自分を知る」編

●好きなことや好きな人、好きなものを自由に挙げてみましょう。

●最近、気になっていることは何ですか？

●今はまだできないけれど、興味があることは何ですか？

絶対に消えない「やる気」の起こし方
なぜか、努力が空回りしているあなたへ

第2章 やる気がない状態が招く不幸

第3章 やる気の作り方

第5章　タイプ別やる気の育て方

第1章

あなたのやる気が長続きしない理由

仕事やプライベートを充実させたいのに、

肝心なやる気は続かず、失敗や挫折ばかり。

そんな経験に悩まされている人は、少なくないはず。

仕事やプライベートでのよくある失敗例を

取り上げ、解決策をお知らせします。

誰にでもある、やる気の「スイッチ」

私たちは、自分という名の船の舵を上手くきり、人生という大海を渡りきって、夢や目標といった目的地にたどり着きたいと願っています。

しかし、仕事やプライベートが順調であったり、掲げた目標にどんどん近づいている状態でありたいにもかかわらず、思うような結果が出せなかったり、三日坊主で終わってしまうことも少なくありません。

元々、やる気はあったはずなのに、人はなぜ途中で上手くいかなくなったり、挫折してしまうのでしょうか。

そもそも、**やる気とは特別なものではなく、誰にでも持ち合わせているもの**です。どんなに些細《ささい》な目標であっても、「やるぞ」と思う気持ちは必要になるからです。

「このプロジェクトを成功させたい」「起業したい」といった大きな目標でなくても、「この仕事を今日中に終えたい」といった小さな目標、極端にいえば「買い物に行きたい」ということまで、人は**何かをしたいと思ったときに、やる気のスイッチが入る**のです。

ただ、やる気のスイッチが入っても、火がかすかに点いただけで強力な炎にならないものもあります。また、火が一気に燃え上がってしまい、長くはもたずに消えてしまうこともあるものです。

三日坊主で終わってしまったり、思うような結果が出せないのは、やる気の火が上手く燃えずに、立ち消えている状態なのです。

つまり、私たちに必要なのは、何かを「したい」「やりたい」という気持ちが起きたときに、**その気持ちを強い炎に変え、絶やさずに燃やし続けること**です。やる気の火を維持し続けることが成果や目標の達成へと結びつくのです。

意志が強い・弱いで「やる気」に違いは出ない

さて、ここからは「仕事で成功したい」「ダイエットをしてやせたい」「英会話をマスターしたい」といった、よくある目標を取り上げて、私たちが失敗を繰り返している原因を探っていきます。

私たちはまず、自分のなかで「目標の設定」を行っています。この目標を達成するためには、いったい何が必要でしょうか。

人は、目標を達成できるか否かの条件に「意志が強い」とか「意志が弱い」ということをよく挙げます。

「ダイエットで食事を制限しはじめたけど、飲み会続きで誘惑に負けちゃったよ。やっぱり意志が強くなくっちゃできないね」

こういった会話は、日常のなかでよく聞くものです。

では、オリンピックで金メダルを獲る人は、相当な意志の強さなのでしょうか？　ハードな練習をこなし、ハイレベルな技術を持つ選手たちが競い合う姿を見るにつけ、普通の人にはまず無理だと思う人も多いでしょう。でも、果たしてそうなのでしょうか？

金メダリストは、一見、「意志が強い」ように思えますが、実は金メダルを獲得できたのは、幼いころから積み重ねてきた「達成の習慣化」によるものなのです。

この「習慣化」という言葉は、本書で非常に大切なキーワードになってくるので、ぜひ覚えておいてください。

毎日お風呂には入れるけど、エクササイズができない理由

私たちは、すでに「習慣」になっていることに関しては、努力せず、苦もなく、当たり前のようにできます。

例えば、小さい子どもがいるとします。子どもは、歯磨きやお風呂が大嫌いであることが多いのです。ご自身の子どものころを思い出してみてください。身に覚えはありませんか？

実際に子育ての経験のある方なら、よくわかることかもしれませんが、親は毎日、子どもが泣いていやがるのをなだめながら、歯磨きや入浴を繰り返して覚えさせます。

しかし、不思議なもので大人になると、歯磨きをしなかったり、お風呂に入らないと逆に気持ちが悪くてたまりません。

実は入浴は、病人であれば体力がなくなるぐらい、エネルギーを使うものらしいのですが、私たちは、毎日ジムに行くことは無理でも、お風呂には難なく入れます。ストレッチやエクササイズができなくても、歯は磨けるのです。

この違いは何かというと、「習慣」になっているか、いないか、です。

皆さんもご存知の通り、習慣とは繰り返すことです。来る日も来る日も繰り返していたら、ストレッチやエクササイズもやらないと気持ちが悪くなってしまうものなのです。

要は**「習慣」とは、「無意識」の領域まで入った行動のこと**です。歯磨きや入浴など、無意識のうちにできることが「習慣」なのです。

何ごともはじめるにあたっては、「意識」しないとできないのですが、ダイエットの継続や

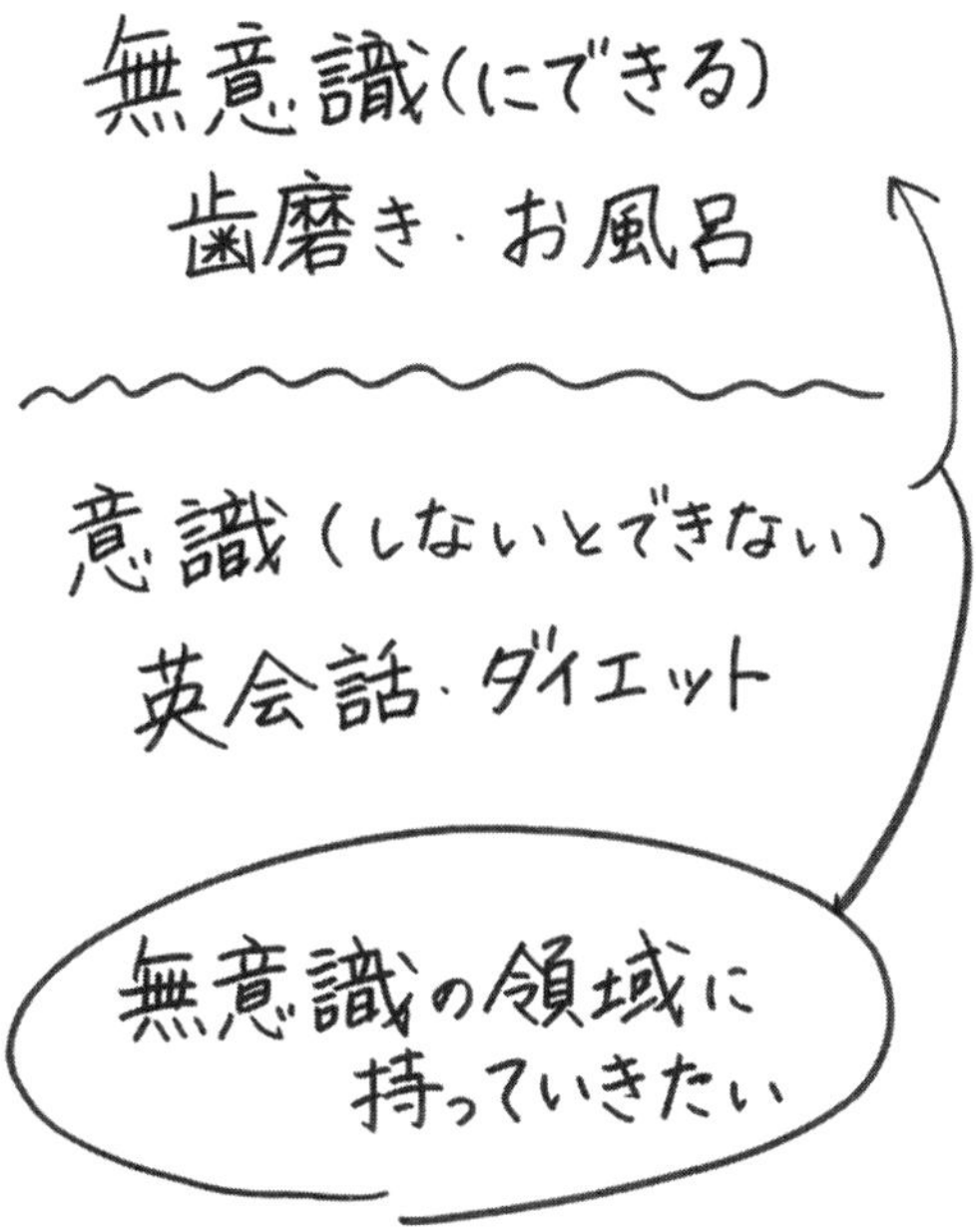
無意識（にできる）
歯磨き・お風呂
意識（しないとできない）
英会話・ダイエット
無意識の領域に
持っていきたい

英会話の習得などは、無意識でできるほどの「習慣」になってしまえば、苦もなく続けられるのです。

「習慣」になれば続けられる、というのは当然のことと思われるでしょう。でも、ここで理解してほしいのは、**ダイエットや英会話の勉強を続けることに、「意志の強さ」や「根性」「気合い」は、必要ない**ということです。

これまで三日坊主だったことも、「根性」が不足していたわけではなかったのです。

そうではなく、**習慣化して「意識」から「無意識」の領域に移行することが必要**だったということです。もし言い訳をするのなら、「意志が弱い」とか「気合が足りなかった」ではなく、「無意識の領域にできなかった」です。「無意識」にできる「習慣」にさえすれば、やる気は途切れることなく、あなたは無理なく結果が出せるのです。

「習慣」に変えるための基礎知識――自分を「管理」する

では、「習慣」にするには、どうすればいいかというと、とにかく毎日繰り返すことです。

「そんなことは知っている。それができなくて苦労しているんだ」という声もあるでしょう。

確かに、簡単にできるようであれば、私たちは苦労しないし、この本も必要としないはずです。

毎日繰り返すことができず、習慣にならなかったからこそ、自分という船は目的地にたどり着かずに海を漂っているのです。

どんなに性能のいい船であっても、かけたエンジンが上手く動くように、時折メンテナンスをしなくては前に進めません。自分という船が滞りなく進めるように、何かしらアクションを起こし、コントロールしていく必要があるのです。

では、いったい何から手をつけたらいいのでしょうか。

例えば、今から誰かに監禁されたとします。捕虜の立場ですから、生活スタイルはおのずと決まってきます。

毎日、1200キロカロリー以下の食事しか与えられず、食後にはエクササイズやストレッチを強制され、午後からは英会話浸けになったとします。そうやって、半年が過ぎたとしたら、ダイエットも英会話もできるようになっていると思いませんか？

ここは重要なポイントです。

実は**毎日、繰り返すことは、「管理される」とできる**のです。捕虜なのに、看守とかけ合って、食べものを多めに手に入れようとする人は少ないはずです。たとえ本人が不本意であっても、誰かに管理されていれば実行できるのです。

やる気が長続きせずに、途中で挫折を繰り返しているのは、目標や夢に対して今の自分が管理されていないからだと考えられます。

そこで、**自分で自分を管理する必要がある**のです。実は金メダルを獲るようなトップアスリートは、**意志が強いのではなく、自分を管理することを日常生活のなかで完全にパターン化している**のです。自分を管理する方法を知っているからこそ、金メダルが獲れたのです。

それでは、自分を管理することに目を向けてみましょう。まずは、自分を管理することに対してどんなイメージが湧きますか?

「今日から半年間、徹底的に自分を管理してください」と言われたら、どんな気持ちになるでしょう。

「面倒くさい」「何だか大変そう」「管理ってどういうこと?」と、思う人は多いのではないでしょうか。私自身、そう思います。

この時点で、もうすでにできないのです。「90日間、自己管理をすれば、あなたはこれまでとまるっきり違う人生が送れる」と言われても、自己管理はいやで仕方がありません。

人間は、いやなことはやらないものです。そこで、自己管理をもう少し掘り下げて考えてみましょう。

無意識に管理されている私たち

自分を管理することは、本当に面倒くさいですか？　大変そうですか？

なぜ、改めてこんな聞き方をするのかというと、**私は「管理してください」と言いましたが、どんな風に管理すべきなのかは、まだ言っていないから**です。

ここも大事なポイントです。

「自己管理」という言葉を聞いただけで、なぜ「面倒だ」「大変だ」と思うのでしょうか。

私たちは、**自分が今まで無意識に身に付けてしまっている、つまり「無意識の習慣」に管理されているから**です。

この「無意識の習慣」には当然いい習慣もあれば、悪い習慣もあります。そして、**今の私たちは過去の自分が作り上げてきた習慣に、無意識に管理されています。**

ですから、「自分を管理する」という言葉だけで「面倒だ」と思う人は、**すでに無意識のう**

ちに管理をしない習慣を身に付けてしまっているのかもしれません。

ここまでの話を、ダイエットを例に挙げて説明しましょう。

ダイエットの妨げのひとつに、甘いものをちょこちょこつまんでいる場合があります。ほんの少しずつのつまみ食いであっても、頻度が増せば、カロリーもそれなりで、太る原因になることは誰もが知っているはずです。

それでも、疲れから頭がぼんやりしてきたときに甘いものを口にすると、一時的に血糖値が上がるので、頭はすっきりします。食事と食事の間に感じる空腹感もやわらげてくれます。

では、甘いものをよくつまむ人がダイエットのために、甘いもの断ちを実行したときに、どんな理由で続かなくなるでしょうか？

「頭がぼんやりする」「何だか疲れた」「空腹だけど、食事まではまだ時間がある」といったところではないでしょうか。

ここで改めて質問です。

なぜ甘いものをつまむという、習慣をやめられないのでしょうか？

もう、おわかりですよね。この場合、今までの経験から**「頭がぼんやりしてきたり、空腹を感じると甘いものを食べる」よう、無意識に管理されている**のです。

「自分を管理したくない」習慣を変える「組み換え」の法則

先ほどのダイエットの例もそうですが、すでに無意識の習慣になってしまっていることをいきなり変えるのは、難しいものです。

とはいえ、よくない習慣は変えたいもの。頑固な「無意識の習慣」を変えるには、どんな手立てがあるのでしょうか？

実は、今実行している、あるいは無意識に実行されてしまっている**習慣を組み換えることは、比較的容易にできる**のです。

ダイエットをしたくても、つい甘いものをつまんでしまうケースであれば、甘いお菓子から、低カロリーでヘルシーな果物に組み換えることはできるはずです。

すぐに体重が減るような劇的な効果は得られませんが、少なくとも胃への負担や摂取カロリーを軽減することはできます。

私たちがまずはじめたいのは、小さな習慣の組み換えなのです。

好きなものを組み換えれば、ストレスフリーに実行できる

この「小さな習慣の組み換え」で、食事でダイエットをするときのコツをお教えしましょう。

基本的には、自分の好きなものを食べていいのです。ただし、自分の好物を書き出して、カロリーの高いものと低いものに分けてみましょう。

当然、自分の好きなもののなかに、調理次第でカロリーの低いもの、高いものがあります。私の場合は、鶏肉がそうです。

その鶏肉を食べるときに、今までならフライドチキンを食べていたのを蒸し鶏に変えるのです。組み換えはしましたが、好きなものを食べていることには変わりがありません。だから、そんなにストレスにならないのです。

好きなもののなかで組み換えを行うこと、ダイエットの場合なら、高カロリーのものから低カロリーのものへと変えていけば、無理なくカロリーダウンができ、結果的にやせる目的に近づくのです。

次に、ダイエットのために野菜嫌いな人が野菜を摂ろうとしたとします。今度はどんな組み換えを行うかというと、形を組み換えるのです。

例えば、職場と自宅にジューサーを置いて、そこへ野菜を宅配してもらいます。嫌いな野菜

を無理に食べようとしても食べられないので、ジュースに**形を組み換え**ます。
ちょうど、親が子どもの苦手な食べものを食べられるように工夫するのと同じだと考えてください。

こういった組み換えは、工夫次第で無数にできます。ビジネスのシーンであっても、全く同じです。

例えば、スケジュール管理が苦手な人がいます。その人は手帳で管理しようとしているのですが、なかなか手帳を開かないし、そもそも手帳に予定を書きこむ意識が薄いとします。

その場合、会社でのデスクワークが中心の仕事の人であれば、パソコン上でスケジュール管理をする。それも苦手な人は、パソコン周りや机にスケジュールを書きこんだ付箋を貼りつけていく。このように、スケジュールを管理する目的は変えないまま、どうすれば、できるのかを考えながら、それに達する方法を組み換えていくのです。

手帳を持ち歩くのがいやで、携帯電話やノートパソコンのスケジュール機能で代用するのは、ある意味で形を組み換えているといえます。

このように、**苦手と思うけれども、何とかしたいと思っていることがあれば、その内容を改めて見直し、組み換えられるものを見つけていきます。**すると意外にちょっとした組み換えで、効果は上がるものです。

「新しい行動を続けたくない」という「無意識の習慣」

組み換えるだけでは上手くいかない、無意識の習慣もあります。

ここからは英会話を例に、習慣を変えるコツを説明しましょう。

世の中には、大変多くの英会話教室や、英会話に関する教材があります。それだけの多くの人たちが、「興味を持ったから」「新しい職場で必要になった」「外国に友達を作りたい」などさまざまな理由で英会話をはじめているのだと思います。

しかし、それだけ多くの英語教材があることが示すように、どうしても途中で挫折をしてしまい、機会を改めてまた挑戦する人が多い分野でもあります。

さて、英会話を勉強するという、その人にとって、新しい行動を起こす場合、長続きしない原因は何なのでしょうか?

極端なことをいえば、**新しい行動は、いやだから今までやってこなかったのです。好きであれば、もっと前からやっていたはず**です。

長続きしない原因を考えるときに、この「自覚」が必要なのです。**「やらねばいけない」と思っていることは、イコール「やりたくない」こと**なのだ、と。

ここでは英会話を例に挙げていますが、新しく何かをはじめるときには、「楽しくないから今までやってこなかったんだ」と自覚しなければいけません。

新しい行動を長続きさせる手順①

新しい行動を増やすためには、３つの手順があります。

まずひとつ目は、**将来なりたい自分のために必要なのかきちんと考えること**です。

よく「英語を話せなくても、別に死なないから必要ない」といわれることがあります。全くその通りで、**日本という国で今日と同じ毎日を生きていくだけなら、おそらく英会話は必要ない**のです。

もし必要とするならば、今の自分ではなく、将来の自分なのです。将来、英語を話せれば、キャリアアップができたり、なりたい自分に近づけると思うから、取り組むわけです。

将来の自分に必要かどうかを考え、**自分が生きていく上でのミッション、つまり自分の将来像に直結していることを強く自覚してください。**

自分のミッションに直結していることは、自覚できました。でも、無意識の習慣はそれだけでは変わりません。皆さんも一度は経験していることだと思いますが、英会話の必要性はよくわかってはいても、まだ行動に移せないのではないでしょうか。

新しい行動を長続きさせる手順②

ふたつ目の手順は、**「何ならはじめられるか。何なら楽しいか。何なら自分が追いこまれるか」をよく考えること**です。これらはすごく大切で、ここで失敗するとだいたい長続きしません。

一番大切なのは、**絶対にやらずにはいられない環境を作り上げること**です。

例えば、周りの人に宣言することもひとつの方法です。「私がもし、3年以内に英会話のレッスンをやめたら、100万円払うよ」と約束してしまったら、さすがに頑張りますよね。

システム自体は、何でもいいのです。

かくいう私の場合は、英会話の先生に会社に来てもらっていました。

急な仕事が入ったり、トラブルが起こったりして、英会話のレッスンに行けなくなる理由はたくさん起こり得ます。そこで、先生に来てもらうようにしたのです。レッスン直前に電話がかかってきて、開始時間を15分過ぎたとしても、16分目からはレッスンをはじめることができます。

この方法は意外にいいもので、先生に来てもらうのをわざわざ電話して断るのは、それはそれでエネルギーがいるのです。自分がレッスンの場に通うのであれば、「急な仕事が入った」「体調がよくない」といった理由で、とりやめてしまうこともできます。

でも、「先生にせっかく来てもらうのに」と思うと、電話してキャンセルするのは躊躇《ちゅうちょ》するものです。ですから、案外続けられるのです。

とにかく全身全霊をかけて、**続けるためのありとあらゆる手段、つまりシステムを組むこと**です。「根性」などの意志の力は、必要ありません。「続けられることなら、何でもあり」と思うことです。

新しい行動を長続きさせる手順③

3つ目は、**自分のものごとをやめる理由は何かをしっかり把握しておくこと**です。新しいことをはじめる前に、**自分が何につまずいているのか知っていたら、逆につまずかずにすむ**からです。

私の場合は、仕事が第一優先という価値観があるために、やめる理由には必ず仕事が絡《から》んできます。

仕事で3年のプロジェクトなら絶対に投げ出さないのに、3年の英会話のトレーニングは続かない。仕事優先の価値観があると、レッスンの日に緊急の仕事が入った場合、レッスンをとりやめてしまうのです。でも、その価値観は決して悪いことではないのです。

さらに私の場合、自分の仕事優先の価値観にプラスして、人への気遣いがやめるきっかけになってしまっていました。この「人」とは、仕事の相手先の場合もあれば、英会話の先生の場合もあります。「こんなに出席できなくて悪いな」と英会話の先生に対して思ってしまうのです。

さて、一般的にもっとも多い、ものごとをやめる理由のひとつに「時間がない」ことが挙げられます。ただ、この理由には、注意が必要です。実際に時間がないわけではなく、忙しくなってくるとパニックに陥《おちい》り、精神的にいっぱいいっぱいになって、「英会話のレッスンに行っている場合ではない」と思うケースがよくあるからです。

つまり、**時間が本当にないのではなく、気持ちに余裕がなくなって、やめたくなっている**ということです。

面白いことに、**はじめた理由がやめる理由にもなります。**

例えば、「英語を話せると、モテる」と思っている人がいるとします。本人はモテると思っているので、モチベーションが高い状態で勉強します。ところが、かわいい彼女ができて、結婚もできたとすると、途端にやめてしまうのです。

さて、3つ目のポイントである、**やめる理由を見つけたら、それを逆手にとりましょう。や**

める理由を続ける理由にしてしまうのです。

例えば、仕事第一優先という価値観と、人に気を遣うというパターンで、長続きしない場合、続けるシステムに逆転させるとしたら、どうすればいいのでしょうか。

まず、仕事の一部にしてしまうことです。さらに、やめると人に迷惑がかかるようにします。そうすると、このパターンを持っている人なら、絶対にやめられないはずです。

一番大切なことは、自分がやめる理由に気づくことです。**毎回、気づかずにやめていては、同じ木の根っこでつまずいているようなもの。**自分のやめる理由に気づき、仕事や時間のせいだと思わないことです。

仕事のせいではなくて、仕事を第一に考えている自分の価値観であり、時間がないわけではなくて、時間がなくなってきたらパニックに陥る気持ちに、続かない原因があるのです。

ものごとが長続きしない「危険な理由」

英会話やダイエット、仕事など、何かと長続きしない人は、実はいつも同じような理由でやめてしまうことが多いのです。ただし、その際に自分のなかにやめる理由があるとは思わず、**会社や人間関係など自分以外にやめる理由があると考えている人は、さらにものごとが長続き**

しにくいので**要注意**です。

人に支配された人生になる恐れ

何ごとも「家族に反対されるから」という理由でやめる人がいます。こういう人は、結局は何ごとも人次第といえます。**人の力を使おうとするから、自分の人生が自分でコントロールできなくなる**のです。

自分の人生は、自分のコントロールできる範囲内に全部持っておいたほうが自分自身はパワフルに生きられます。

他の人の管理下に入って、自分の人生のなかでコントロールできないところが増えれば増えるほど、夢や目標の実現は難しくなるのです。

例えば、100あるうち、80は自分でコントロールできない人がいたとします。そうすると、残りの20で勝負しないといけなくなります。

片や自分で100をコントロールできる人がいたとします。**もし、ふたりの実力が同じなら、自己実現の勝負の結果は目に見えている**でしょう。

だからこそ、自分の人生は自分でコントロールできる領域に持っておくべきなのです。

人間関係を理由にすると「自分」が変われない

また、**家族に迷惑をかけるといった理由は、一見優しいようにも思えますが、実は典型的な言い訳**なのです。

以前、主婦の方をカウンセリングしたことがありました。

何か新しいことをはじめるときに、家族に迷惑をかけてまでやりたくないという心理がある女性で、本当に迷惑がかかるのか、とことん話し合ったことがありました。そうすると、決して家族に迷惑をかけるわけではないのです。

子どものいる女性が習いごとなどをやめる理由の多くに「子どもに迷惑をかけてまで勉強したくない」というものがあります。何が迷惑なのか聞くと、「私が家にいないと、中学生の子どもが勉強に集中できない」と言うのです。

果たして、本当にそうでしょうか。

厳しい言い方になるかもしれませんが、いつも家にいて、みんなの世話係を買って出ているから、お手伝いさんがいなくて不便だ、と子どもに言われているのと同じ。それでは、依存親子もいいところです。

毎日、ご飯を作っているのだから、週1回ぐらい自分たちで作るように言えばいいのです。

子どもが小さいならまだしも、中学生にもなっているのですから。

そういった話をすると、その女性は「そんなことを言っていいんですか」と言いました。彼女には、主婦が家庭のことをすべてやらなければいけないという価値観があるのです。

そこで、私はこう切り出しました。

「そうであれば、英会話を勉強したいとか、将来子どもが独立したときのために何かやっておきたいという考えは、一切捨ててください。子どもが成人して家を出ていったときに、何も勉強をしていなくて、仕事がなくても、『私は家族の世話をしてきた』と、堂々と胸を張っていればいいのです」

この女性の価値観が家族を最優先することだというのなら、子どものために尽くすことは、それを続ける理由になり、ものすごく誇れることのはずなのです。

私は「あなたが母親として素晴らしいことだと心から信じているのであれば、最高の母親じゃないですか」と言うのですが、今度は彼女が「でも、周りは評価してくれない」と言いはじめます。

つまり、**結局、すべては人次第の理由になっている**のです。こういう人は、**自分がしたことに対して、相手に対価を求めます。**子どもに対しても、自分を犠牲にして専業主婦をやってあげたという思いが強くあり、**「私の面倒を見て」「結婚しても近くに住んで」「私の言うことを聞いて」などと言いはじめる**のです。

これを心理学では共依存といって、その人間関係のなかで恨みや憎しみを生み出す背景にもなってしまうのです。残念ながら、これでは自分の人生や家族の人生に対しても敬意がない、といえます。

まずは、自分でやると決めたら、周りに宣言しましょう。その上でどうやったらできるかを考えていくのです。「お母さんは週1回、勉強で出かけるけど、みんなは何ができる?」と話し合っていけばいいのです。

このように、やめる理由が子どもや家族、恋人、友人、職場の上司、同僚、部下など、人次第の人は、注意してください。

厳しいことをいうようですが、人間関係は単なるきっかけ。**新しく勉強や仕事をはじめることとは不安だから、他の人を言い訳にして逃げている**のです。それなのに、最高の母親や、最高の仕事をしているという自負も持てないから、それからも逃げることになります。やがて、自分の行き場がどこにもなくなってしまうのです。

人次第から自分次第の人生に変える

自分の夢や目標をきちんと見据えて、周りの人たちとどうしていけばいいのか、心をこめて話し合いましょう。**普段からお互いの夢を認め合ったり、応援し合えるような家族や恋人、友人関係を築いていく**のです。

家族間だけでなく、恋人が相手でもよくあることです。

「私がバリバリ仕事をしていたら、彼が癒されないと言うんですよ」と言う人もいます。そういうとき、私は、「その彼はただ癒されたいだけなら、あなたという人間でなくてもいいわけで、ペットを飼えばいいんだよね」という話をします。

人間はペットとは違い、癒しだけではなく、お互いの目標や夢を応援し合えるのです。「すごく頑張ってるね」とか、「あなたが成長しているから、私も頑張るわ」と言い合えるのは人間同士でしかないのです。

いつも人間関係で会社をやめる人は、やめる理由を自分のなかに探し出し、次は人間関係で絶対にやめないと決めることです。

「上司がむかつく」「同僚が意地の悪いことをする」などをやめる理由にしてはいけません。仕事の能力がなくて、リストラになってもいいのです。自分からは絶対にやめないと約束しましょう。

これだけで、やめる理由は自分自身のなかに見つけられるようになり、人次第の人生から、自分主導の人生に大きく変わるはずです。

習慣化するためにカレンダーを活用する

「今までは長続きしなかったけれども、これからは長続きさせたい」

そんな思いを持っているなら、新しい行動を増やすのは容易《たやす》くないですが、取り組む価値があることを認識した上で、きちんとやりましょう。

とにかくありとあらゆる手段を講じて、やらずにはいられないシステムを作り上げるのです。

それを**90日間やりきれたら、無意識にできる「習慣」になります。**

90日分のカレンダーを壁に貼って、できたら○、できなかったら×、中間であれば△を付けていくのもおすすめの方法です。朝起きたときにカレンダーを見て、ちゃんとできたら、夜に○を付けてみてください。

一見、とても簡単な作業ですが、自分の努力をひと目で見てわかる状態にして、きちんと認めていくことは、ものごとを続けていく上で大きな糧《かて》になるはずです。

仕事が上手くいかなくなる理由

では、仕事で成功したいのに、ミスを繰り返すなどして上手くいかず、やる気を失ってしまう人の場合はどうでしょう。

仕事面でのやる気を失わせるものに、**「つまらないミスを繰り返してしまう」「本来はできるはずの仕事がなぜかできない」「多くの仕事を抱えていて忙しい」**などがあります。

その結果、上司に怒られたり、思うような成果が残せないことも少なくありません。せっかく「やる気」を持って走り出したとしても、ちょっとした挫折でくじけて、「やる気」を損なうことは、誰しも経験しているのではないでしょうか。もちろん、「やる気」の継続なしに成果は得られず、成功もあり得ません。

仕事のミスの原因はたったふたつだけ

例えば、1週間のうちに頻繁にミスを繰り返した人がいるとします。

仕事のミスに関しては、原因はふたつにひとつしかありません。**能力不足か、精神状態がよ**

90日間チェック表

／	／	／	／	／	／	／	／	／	／
／	／	／	／	／	／	／	／	／	／
／	／	／	／	／	／	／	／	／	／
／	／	／	／	／	／	／	／	／	／
／	／	／	／	／	／	／	／	／	／
／	／	／	／	／	／	／	／	／	／
／	／	／	／	／	／	／	／	／	／
／	／	／	／	／	／	／	／	／	／
／	／	／	／	／	／	／	／	／	／

くないかのいずれかです。能力不足とは、習慣やシステムになっていない、もしくは単純に必要な知識を知らないのです。

あるとき、大事な書類の金額の計算を間違えた新人がいました。本人は「検算しました」というものの、縦計は合っているけど、横計が間違っているのです。検算に対する知識が中途半端なので、システムとしては不十分なわけです。

また、計算したあとは、縦計と横計を検算するというシステムが無意識の「習慣」になっていないことも挙げられます。

要するに検算についてよく知らないという、能力不足にミスの原因があるのです。

もうひとつは、明らかにできる仕事、あるいはできていたはずの仕事の場合です。**前にできていた仕事ができなくなるのは、明らかにメンタル的にストレスやプレッシャーがかかっている状態**なのです。

プレッシャーがあなたの能力を押しつぶす

人は新しい種類の仕事や、今までやったことがない領域に入ると、目に見えないプレッシャーがかかります。

例えば、今まで管理部門にいた人がいきなり営業部門に異動になりました。管理部門のときは見積書や稟議書が問題なく書けていたのに、営業に行った途端にできません。前にできていたことでも、営業に配属されたプレッシャーが判断力を鈍らせているのです。

「新しい部署でこんな簡単なことを聞いたら、馬鹿にされるかも」と考えはじめると、ますます周りに聞けなくなって、その人の能力がどんどん削《そ》がれてしまうのです。

他にも、大きなプロジェクトを任されたものの、あらぬところでミスをしてしまう場合も、同様の新たな領域に入ったことでかかるプレッシャーが原因です。

このプレッシャーの出方も、ものごとをやめる理由に似ていて、人それぞれなのです。

「忙しい」というプレッシャー

例えば、精神的にプレッシャーがかかるものとして「忙しさ」があります。

いつも上司にきちんと確認してから、仕事に取り組む部下がいます。あるとき、なぜかこの部下が上司に確認しなかったことがありました。

本人も上司に確認しなければならないことはよくわかっているのに、なぜ自分が確認しなかったのかがわからないのです。よくよく見ていると、この部下は、仕事が忙しくなり、自分にプレッシャーがかかってくると、人とのコミュニケーションを絶つようになるのです。

おそらくこの人にとってのコミュニケーションは、周りが思うよりもずっとエネルギーを要することなのでしょう。自分のなかに壁を作る人の場合、その壁を乗り越えて、人と関わらなければならないから、負担を感じてやめてしまうのです。

反対に、壁がなくて自分をさらけ出せる人がパニックに陥ると、今までは難なくやってきたこともよく聞きにくるようになります。


プレッシャーからパニックに陥ると、人に聞きにくるタイプと、逆に聞かなくなるタイプがいて、自分のなかでもどのタイプか見極めることが大切です。

もし、自分の周りにパニックに陥っている人がいたとしたら、特に人に聞かなくなるタイプに気をつけて、フォローしてあげるといいでしょう。

例えば、仕事の経過をずっとメールで報告してきた人から、2週間ぐらい報告がなかった場合、何かしらの異変が起こっているのです。

本人は精神的に非常にきつい状況でも、とても大人しいので、周りは手がかからないと思ってしまいがちです。しかし、コミュニケーションを絶ってしまうタイプだと認識しておけば、連絡がないときにこちらから連絡してみると、状況を打ち明けられたりして、早めにリカバーできるのです。

プレッシャーを受けたときの行動パターンを知る

あなたも仕事ができなくなるときは、自分でも気づける何らかの変化があるのではないでしょうか。

イライラして、人に喧嘩をふっかけてしまい、問題をこじらせていく人や、先ほどの例のように自分で抱えこみ過ぎて、崩壊してしまう人もいます。とにかく心配で仕方がなくなり、人に「もういいよ」と言われてしまうまで、繰り返し聞きにいってしまう場合もあります。

このように、ストレスによってミスをしてしまう人は、まず、**自分にプレッシャーがかかった場合、どんな行動をしてしまっているか、知ることがとても大切**です。

これも**ミスの原因が自分のなかにあるとわかれば、解決できる**からです。**自分のなかにあることは、自分でコントロールが利きます。**

例えば、こんな話もあります。

上司に書類を提出したものの、内容を間違えていた部下がいました。上司に間違いを問われて、部下は「他の仕事を押しつけられたから、できなかった」と言い訳してしまいます。これだと、悪いのは自分ではなく、忙しいときに仕事を押しつけられたことが原因になってしまうのです。

では、他の仕事が来ないように断ることができますか？　もっといえば、自分が暇なときにだけ、仕事が来るように調整できるでしょうか？　難しいですよね。

他の人のせいにしたり、自分のなかに原因を見出せずにいると、いつまで経っても問題は改善できないのです。

だから、自分に責任があると思えるすべての問題は、解決できるのです。**自分に責任がないと思うことは、一切解決できない**ことを知っておきましょう。

私にもパニックになっているときの行動パターンがあります。

私が家族と言い合いになってしまうときは、実は「あれもこれもやらなきゃ」とパニックに陥っているときです。

自分が知らないことを「やったほうがいいよ」と言われるのは素直に聞けるのですが、自分でもやらなければいけないとわかっていながら、まだ手を付けられていないことを言われると、「もう、わかってる。やるつもりだから！」と怒ってしまうのです。

私がそんなふうに夫に八つ当たりしたときは、**今、自分がどうなっているのか日記に書いて**

みます。そうすると、自分がどうしてパニックに陥っていたかがわかるのです。

「今日、部下がトラブルを持ってきたから、やろうとしていた家の用事ができなかった」

部下がトラブルを持ってきたことに対して、いい悪いじゃなくて、どこかで恨みに思っている自分がいるのです。「私が忙しいときにこんなトラブルを持ってきて」という気持ちが浄化されずに、溜まっているのです。

部下に対して、仕方がないことだとわかってはいますが、忙しいときに手をとられたとも思っています。そして、家の用事もしないといけないと思うときに、夫が十分にわかっていることを言うので、言い合いになるのです。

パニックになったベースには、部下が持ってきたトラブルに対して、浄化されない思いがあって、その結果、できていないことがある、と改めてノートにでも自分で書いていくことでわかってくるものです。

すべての原因は自分のなかにある

気をつけてほしいのは、自分の心にプレッシャーを与えた原因は、「部下」でも「トラブル」でもなく、それを**わずらわしいと思った自分の心と、それを引きずった状態が生んだ焦り**だということです。

このように**自分のなかに原因を見つけていくと、解決のための糸口が見えてきます。**

まず、夫に対しては、あまり自分を苦しめない範疇《はんちゅう》で「いつやります」と宣言しておくのです。私がいつやると言わないから、相手も気になってくるのです。

また、期限を作ることで、自分がやらなければいけないシステムにしてしまいます。

そして、肝心のトラブルに対する私の気持ちは、トラブルの責任をとらずにいるのではなく、「いやー、こんなトラブルを次から次へと持ちこんでくれると、さすがに家のことをする時間がなくなるよ」と、部下に言うようにするのです。

相手に対して思っていることを自分が口に出して言った時点で、恨みは消えてしまうものです。すると「誰だってトラブルを起こそうと思ってやっているわけじゃないから、しようがない」と、自分でも納得できます。こうすることで、自分の心にかかるはずだったプレッシャーをなくすことができるのです。

部下が傷つくのではないかと思うかもしれませんが、別に言ったとしても、部下は本当に悪いと思っているから、「すみません」と謝るのみです。それに、こちらも思いを口にしたあとは、気分が切り替わっているわけですから、フォローを入れることもできます。

このように自分のパニックに陥ったときの出方を知っていると、対処ができるようになります。くどいようですが、もっとものごとが上手くいかなくなるパターンは、言い訳や開き直りにあると知っておきましょう。

プレッシャーをなくす、コミュニケーションのチカラ

仕事のミスはもちろんしないほうがいいのですが、コミュニケーション次第で、ミスを上手くフォローしたり、未然に防げることがあります。**普段から上司や同僚と上手くコミュニケーションがとれていたら、周りが自分の間違いを見つけてくれたりするもの**です。

逆にコミュニケーションが上手くとれていないと、ノーチェックで上にまで回ってしまい、問題が大きくなります。

つまらないミスをよくするのですが、コミュニケーションがすごく上手で、一番厳しい上司から愛されている人がいます。この人はよく書類の内容を間違えて、そのたびに上司に指摘されるのですが、何気に上司がしっかりチェックしているので、ミスが対外的な問題にはならないのです。

上司からはすごく怒られるのですが、この人は言い訳を一切しません。「すみません。私、本当にどんくさくて。でも、頑張ります」と言って、素直に反省します。

上司に「忙しかったの？」と聞かれても、「いや、忙しくてもやっぱり頑張らないと」と言います。そんな感じで、どんくさいのですが、ものすごく前向きなのです。

この人の場合、おそらく今までやってきていないことが多いはずです。だから、多くの仕事が能力不足なので、他の社員よりもミスが多いのです。でも、パニックになったりしないし、性格的にも安定しています。**現時点でのその人の能力と精神的な強さは、また別なのです。**

この人は、上司に対してだけではなく、他の社員にもお茶を入れたりします。ミスをしたお詫びにお菓子を買ってきて、お茶を入れる。そうすると、みんな悪い気はしないですよね。

これを「媚《こ》びを売っている」と感じる方もいるかもしれませんが、本人としては媚びているわけではなくて、素直に謝りたい気持ちからやっているのです。

もし媚びてやっているのだとしたら、そこに反省はありませんから、本人は成長せず、つまらないミスは減るどころか、増えることもあるでしょう。この人の場合は、少しずつであっても成長しているのです。だから、ミスをしても上手くカバーされるし、ミスが生じる前に周りに教えてもらえるのです。

日常的なミスを繰り返さないようにするには、まずは能力を上げないといけないのです。そして、**できるはずの仕事ができない場合は、自分のメンタルを安定した状態にすること。**また、安定した精神状態でなければ、わからないことを覚えるという前向きな姿勢も生まれないので注意しましょう。

そして、**大切なのは、教わり上手になること**です。たとえ人から「こんなことも知らないの」と言われても、「すみません、知らないんです。やったことがないので、教えてもらってもいいですか」と素直に言ってみてください。こういったコミュニケーション能力は、仕事を円滑に進める上で重要なのです。

メンタル面が弱いほど、理屈や言い訳が先に立つ

相手の立場に立って考えればわかることだと思いますが、**間違いを指摘されたときに、人の態度は二極化します。**先ほどの人の場合は、まず謝って、さっとやり直します。しかし、間違いを指摘されて、「忙しかったから」などと言い訳をはじめる人には、当然指摘した側もイライラしてきて、理屈で返すようになります。

特に上司と部下という関係は、もともと力関係がはっきりしているわけですから、言い訳をすると、しなくてもいい負け戦をしにいくようなものです。

部下も喧嘩するつもりはなくて、単純に責められたくなかったり、自分は悪くないと言いたいだけなのでしょう。

私は、自分は頭がよくて、口が立つと思っている人のほうが精神的には弱いと考えています。メンタル面が弱いから、理屈や言い訳で自分を固めないと、安定できないのです。相手を威嚇《いかく》したり、攻撃的になってしまう場合は、自分の感情や考え方を冷静に見直したほうがいいですよ。

先ほどの上司に愛される人の場合は、精神的に強いのです。「すみません」と謝って、すぐにやり直せるのは、自分自身が安定しているから。精神的に安定するためには、自己肯定感を強く持つ必要があります。この方法については、3章で紹介したいと思います。

失敗を繰り返す、その先にある真の恐怖

ところで、**同じ失敗を繰り返すことは、実は大変恐ろしいこと**なのだと思ってください。

仕事やプライベートにしても、どんな些細なことでも、やろうと思ったけれどできなかったことや、達成できなかった目標が多くなると、今度は**達成できない自分が「習慣化」**していきます。要はものごとをはじめたときから、「今回も無理だろう」と思ってしまうのです。

同様にやるつもりがないことは、口に出さないほうがいいです。結局はできないことを口に出すと、「言ってもできない」ことが習慣化してしまいます。だから、本心からやるつもりが

ないなら、言わないように気をつけましょう。

最初はひとつ、ふたつのミスや挫折なのですが、挫折が自分の人生のシナリオに書きこまれてしまったときはとても怖いのです。

それらが強くなっていくと、**自分の人生のシナリオとして、何をするにも「絶対に無理」「失敗するんじゃないか」と思うようになり、過ちの連鎖から逃れられなくなります。**その行きつく先は、何ごとに対しても「やる気」が全く起きない状態です。

もし、あなたが同じ挫折を繰り返しているなら、いったい何につまずいているのか、原因を早く見極めてやり直しましょう。

そして万が一、自分の人生のシナリオに挫折が書きこまれてしまった場合は、シナリオを書き直さなければなりません。この方法は4章にて紹介していきます。

いつもやる気が高い状態で保たれていると、当然結果が伴ってくるし、人生は変わります。

反対に、同じ失敗を繰り返し、やる気が下がったり、やる気が消え失せた状態では、自分という船は、広大な海で漂ったままで、難破船のような運命をたどるかもしれません。

次章では、やる気がない状態が人生にどのような弊害をもたらすのか、見ていきたいと思います。

やる気を起こすための

ワークシート

No.2

「目標達成」編

●あなたの達成したい目標を自由に書きましょう。

ビジネスシーンで通用する、英会話を習得したい。

●将来のあなたにとって、必要な目標でしょうか。
また、その理由を書いてください。

仕事に役立つ。海外と交渉する機会が増えそうだから。

●この目標のために、今からはじめられることをできるだけ
たくさん書きこんでください。

オーディオブックを聞く。／書店でテキストを買って、毎日少しずつでも続ける。
／最寄り、または会社の近くの英会話教室に通う。／英会話の番組を見る。

●この目標のためにできることで、「これなら自分が楽しめる」と
思いつくことをできるだけたくさん書いてください。

好きな映画を字幕で見る。／好きな映画俳優のインタビューを動画サイトで見る。
／好きな洋楽を聴きながら歌う。

●この目標達成のために自分を追いこめる、もしくはやらずには
いられない方法をできるだけたくさん挙げましょう。

自分を追いこんでくれる友人と約束する。／英会話のマンツーマンのレッスンの
予約を先々まで取っておく。

●自分がものごとをやめるときの理由は何でしょうか。

仕事が忙しいと感じるとき。

●やめる理由を続ける理由に変換してみてください。

英会話に割く時間は、将来のための仕事だと思って、仕事のスケジュールと同じ
ように、時間を必ず調整する。

やる気を起こすための

ワークシート

No.2

「目標達成」編

●あなたの達成したい目標を自由に書きましょう。

●将来のあなたにとって、必要な目標でしょうか。
また、その理由を書いてください。

●この目標のために、今からはじめられることをできるだけたくさん書きこんでください。

●この目標のためにできることで、「これなら自分が楽しめる」と思いつくことをできるだけたくさん書いてください。

●この目標達成のために自分を追いこめる、もしくはやらずにはいられない方法をできるだけたくさん挙げましょう。

●自分がものごとをやめるときの理由は何でしょうか。

●やめる理由を続ける理由に変換してみてください。

第2章

やる気がない状態が招く不幸

やる気が消え失せると、
人生はどうなっていくのでしょうか。
また、私たちが知らず知らずのうちに
とらわれている「人生のシナリオ」とは？
やる気の大切さを見直すことで、人生を底上げする
パワーに変えていきましょう。

誰にでも成功体験はある

私たちは今、人生という大きな海を航海しています。あなたの今までの旅路は、どうだったでしょうか。充実していましたか？ 願った目標という名の港には、いくつか立ち寄れたでしょうか。「私のこれまでの人生は文句なく、充実している」という人も、もちろんいるでしょう。

しかし、「いつまで経っても、港にはたどり着けない。むしろ、港があるのかすら、もはや疑わしい」と思う人も、なかにはいるのではないでしょうか。

実は**人生が成功の体験で満たされている人や、達成感で充実している人は、ほんのひと握り。ひょっとしたら、ほとんどいないに等しいのかもしれません。**でも、**逆に成功の体験や達成感を全く味わったことがないという人も、ほとんどいないのです。**

例えば、赤ちゃんが床を這《は》い回ることからはじめ、伝え歩きから、しっかりと自分の足で立って歩いたり走ったりするようになる――。成長過程だから当然のことのように思われるかもしれませんが、**これも私たちが挑戦と失敗を繰り返しながら、達成していったこと**なのです。

受験や入社試験など、人生の岐路に立つほどの大きな出来事でなくても、縄跳びや鉄棒の逆上がり、平泳ぎなど、何かしら新しくできるようになったことでもいい。多かれ少なかれ、私たちは目標を達成した記憶があるはずです。

このときに感じた**「達成感」は、とても大切で、私たちの「やる気」を支える礎《いしずえ》になってくれます。**

しかし、今「成功していない」「失敗している」と、あなたの心が満たされていないのはなぜでしょうか?

それは、**小さな目標のずっと先にある、自分の人生の最終的な目標が明確ではないため**です。もしくは、これまで達成できた小さな目標が最終的な目標に達するまでの通過点として捉《とら》えられていないから、不満が募るのです。

ゴールが明確で、そこまでの道筋や距離が想定できたり、これまでの小さな目標がゴールまでの通過点だと理解できていたら、少しずつであっても目標への距離が縮まっていると実感できるはずです。

共通の目標があった時代から個人の目標の時代へ

本書の冒頭でも書きましたが、ひと昔前は、最終的な目標は社会が用意し、多くの人たちがそれを共有してきました。一億総中流社会ではありませんが、誰にも家があって、便利な家電をそろえ、場合によっては車も持ち、時には外食や旅行に出かける。そんな家庭をめざして誰もが頑張れた時代でした。

しかし、**今はそういった社会共通の目標がなくなり、自分で自分の人生の目標を考える時代になりました。**

私がとあるネットワークの技術者たちを前に、講演したときのことです。これまで達成感のある経験をしたことがあるか質問したところ、手を挙げた人はゼロだったことがありました。これには、少々驚かされました。

そこで改めて、厳しい上司のもとで働いて、自分が大きく成長した経験があるか聞いてみたところ、それもゼロでした。

私は、彼らはかわいそうな人生を送ってきていると思わざるを得ませんでした。厳しいことを言われて、成長してきたという経験値もなければ、苦しい体験をしてそれを乗り越えてきたという思いもないのです。

達成感や成長の経験は、大なり小なり目標が定まっているからこそ、頑張って、堪《こら》えて、得られる感覚です。少なくとも彼らには、それが全くないのです。

実はこの状態が長く続くと、とても恐ろしいのです。**目標を持てないがために、人生の歯車が空回りしはじめる**のです。

目標を持てない個人が陥る負のスパイラル

ある30歳を過ぎた男性が私の会社に転職してきました。残念ながら、彼は入社して1ヵ月半でリタイアしてしまいました。

私の会社は、カウンセリングやメンタルを扱っているので、社員に対しても「あなたはどう思うのか」と考えをよく聞きます。あるとき、彼が上司に電話の対応をどうすればいいのか聞いてきました。

彼の上司は、相手が心地よく感じるには、何が大事だと思うか、彼なりの考えを聞いてみました。すると、「意味がわからない」と怒り出すのです。

上司としては、彼なりに数あるなかから、何か理由があって、その対応を選んだのだから、その理由が聞きたかったのです。

もっといえば、何が正しくて、何が間違いか。正しければその理由を聞き、間違いであれば、なぜ間違えたのか、きちんと理解することが大事だと考えているのです。

そういった説明をして、再度彼に聞くと、「今まで自分の考えを言ってこなかったし、思いを表現することは苦痛なんです」と言うのです。他にも「仕事とは、自分の感情を押し殺して、自分が与えられたことを時間内にやることだ」とも言いました。

彼の上司は少なからず、衝撃を受けました。人にきちんと話を聞いてもらえず、「あなたの言うことなんてどうでもいいから、早く仕事をして」と言われることが、一番のストレスだと思っていたからです。

私たちは「いいから黙ってやれ」と言われるほうが自分の個性を切りとられるような気がするものです。その環境に長い間いると、致命傷にならなかったとしても、やがてやる気が落ちてしまいます。だから、あえてなぜこうしたのか理由を聞いているのですが、それがいやだと言うのです。

彼は『なぜ』はもういいから、どうすれば正しいのか答えを教えてほしい」とも言いました。

残念ながら、自分でものごとを考える習慣が全くないのです。ひいては**自分の考えや、自分がどう生きていくかという姿勢を完全に麻痺《まひ》させて、お金をもらうためだけに、自分の人生と時間を切り売りしている**のです。つまり、目標を持てていないのです。

あなたも次ページのチェックリストと、自分自身を照らし合わせてみてください。

目標設定ができていないと負のスパイラルへ

①自分の人生の明確な目標設定が

できる その目標に向けた仕事や生活ができる
→目標に向かって邁進する

できない 「ひとまず」の仕事をする（②へ）

②「ひとまず」の仕事や生活のなかで小さな目標設定が

できる ここから、人生の目標を見つけることができるようになる

できない 「ひとまず」自分の時間を切り売りして日々の仕事をする（③へ）

③自分の人生を考えないことによって、自分の考えや感情、個性が次第に押し殺されていく（④へ）

④成功や達成感が得られず、どこへもたどり着けない難破船のような人生になる

人生の目標が明確で、しかもそれが仕事の延長線上にあれば、仕事での目標設定もはっきりとします。

一方、おぼろげながらでも人生の目標を持ち、「ひとまず」は仕事や生活をしなければならない場合、「ひとまず」の仕事や生活のなかで考えて、小さな目標の設定ができれば、いずれは人生の目標設定もできるようになります。多くの人がこの段階にいるのではないかと思います。

しかし、「ひとまず」の仕事や生活のなかで、**何も考えずに小さな目標も見出せないままでいると、自分の考えや感情、個性が失われ、人生は負のスパイラルに陥ってしまう**のです。

「麻痺」した心と「壊死」した心の違い

もちろん、目標があろうがなかろうが、生活のためには働かなければいけません。しかし、神経を「麻痺」させてまで、自分を切り売りしているのは、普通はとてもきついことです。

しかし先ほどの男性のように、「麻痺」してしまうと、気持ちよくはないけれど、痛みも感じなくなるのです。

私はカウンセリングしながら、このケースは「麻痺」なのか、「壊死《えし》」なのかということをよく考えます。まだ、**神経が麻痺しているだけなら、環境が変われば、人間とは何か、人間にとって大事なこととは何かを考えていけます。それは自分の人生にとって、大切なこと**だと思うのです。

例えば、私の会社の新人がカウンセラーにかかってきた電話を受けたものの、伝言メモを渡すのが遅くなったとします。

普通の会社であれば、「うっかり伝え忘れていました。すみません」ですむ話なのかもしれません。しかし、自殺しようか迷っているクライアントがカウンセラーと話がしたくて連絡してきた場合、伝言メモを渡すのが1時間遅れた間に、クライアントが命を絶つこともあり得るのです。

新入社員には、最初に「うちは緊急病棟のような集中力と、人の命がかかっているという社会的責任を持ってもらわないといけない」と言います。

たとえ何万分の1の確率であっても、そこに人の命がかかっていると知っている人が電話をとるのと、「自分は他部署なのに、何で電話をとらなきゃいけないんだよ」と思いながら、電話をとるのとでは全く話が違うからです。

そう話すと、麻痺している人には「ああ、そうなんだ」と響きます。「自分の電話応対には人の命がかかっている。大切なことなんだ」と喜びに思うのです。

一方では「言われている意味がわからない。じゃあ、私たちに電話をとらせなければいいんじゃないですか」という人もいます。

これが「麻痺」と「壊死」との大きな違いです。

神経の組織が死んでしまうと、再生しないものだと考えてください。**神経が壊死している人には、どんなに説明しても、ものごとの本質が伝わっていかない**のです。そして、壊死している人に、本質を求めても、本人にとっては苦痛なだけなのです。

新人社員には、「あなたたちがどれだけ素晴らしい技術を持っていようとも、技術で仕事をしていると思ったら、間違いだ」と言っています。今は不況ですから、募集をすれば、同じ技術を持った人たちは、たくさん集まってくるのです。

私の会社の場合、試用期間中にお金よりも大事な信用や情報を預かるに値する人間かどうかを見ているのであって、技術だけを見ているのではありません。

麻痺している人なら、少しずつ血が通ってくるので、「自分の仕事は、お金では買えない信頼を扱っている。そんなふうに言ってもらえるなら、やり甲斐があります」と言います。

しかし、一旦壊死してしまった人は、人間らしい交流が起こっても反応できないのです。

壊死してしまう原因は「人生のシナリオ」にある

さて、壊死してしまった人たちは、どうしてそうなってしまったのでしょうか。

極端な言い方ですが、彼らは今まで人間として見られてこなかったのです。

技術者であれば、ひと山いくらで買われて、技術の人身売買のような扱いを受けてきたのではないでしょうか。彼らは**つらい現状に耐え得るべく、自分の神経を何も感じないように麻痺させているうちに、やがて壊死してしまった**のです。

このように虐《しいた》げられてきた人の有名な話があります。

幼いころから両親にずっと虐待されてきて、人間扱いされてこなかった子どもがいました。

やがて、親が刑務所に入ってしまい、孤児院に預けられて、心優しい里親に引き取られたのです。今までのように殴られたり、もののように扱われることもなくなり、人間として接してもらえるようになりました。

しかし、その子どもは、だんだんと落ち着かない気持ちになります。あるとき、その子は、お金に困っていないのに、家のお金を盗んだのです。

里親は「どうしてそういうことをするの」と聞いたのですが、その子は何も答えません。里親は叱らずに「もし、お小遣いが必要なら、言えばいくらでもあげるから、盗む必要はないよ。君は、本当はとてもいい子なんだ。もっと自分がいい子だと思ったほうがいいよ」と言い聞かせたのです。

そうすると、その子は、その日の夜に家に火をかけたのです。

これは心理学の世界では、よくあることなのです。これが人生脚本、つまりこの子どもの人生のシナリオなのです。

この子の人生のシナリオには、「自分はろくでもない人間だ。自分は将来、罪を犯す人間で、周りからは絶対に見捨てられる」と書いてあるのです。

以前、両親からひどい虐待を受けているうちに、そういった人生のシナリオを刷りこまれてしまったのです。そして、ろくでなしであるはずの自分がかわいがられると、どうにも落ち着かなくなるのです。

「これは違う。こんなことはあり得ない。きっと何か裏がある。周りは自分を利用しようとしている」

その子はなぜ家に火をかけたのか聞かれたときに、優しい里親のことを「嘘つきだ」と言いました。「税金対策で自分を引き取ったに違いない。僕のことを馬鹿にしているし、さげすんでいる」とも言うのです。

でも、実際は全く違います。里親は本当の自分の子どものように育てたかったのです。

その子は、自分がろくでなしだと証明するためにお金を盗ったわけです。

それで里親から叱られたとしたら、「ほら、やっぱりろくでなしだった」と、気持ちが落ち着くのです。

でも、叱られずに「君は本当はいい子だ」と言われると、深層心理では「これではいけない」と思います。そして、「もっと悪いことをしないと、自分がろくでなしだとは実証できない」と思うようになるのです。

だから、人生のシナリオは怖いのです。**実はこの手の人生のシナリオを持った人は、たくさんいるのです。彼らは、ものごとが上手くいきかけると、自分で壊そうとします。人生のシナリオのことを知らなければ、本人はいつまでも経っても幸せになれないし、周りも大変な目に遭うわけです。**

家族や最初の職場で書かれる人生のシナリオ

私の会社のスタッフのひとりにも幼いころに虐待された人がいて、本人は心理学を勉強して、立ち直ろうとしているのですが、ときどき変なクセが出ることがあります。

私たちの場合は、みんなカウンセラーですから、「ほら、人生脚本が出ているよ。またつぶそうとしたでしょ。自分の人生を台無しにするんじゃないよ」と言います。本人も周りから言われて、そうかもしれないと気づきます。

本人は周りから言われるまでは、たまたまミスをしたとか、たまたまイライラしていただけだと思っています。でも、**実はたまたまではなくて、そこでイライラしたのも、不安で不安で仕方がなくなったのも、全て自分の人生のシナリオに書かれていて、その意に沿っただけなのです。**

だから、先ほどの壊死している人たちを見ると、親から虐待されてきた子どもの姿と重なるのです。

私たちの人生のシナリオは、主に家族からの扱いによって、書かれていきます。

ビジネスマンの場合は、最初の職場や、若いころに自分を形成した職場の影響が大きいと思います。

前の職場で書かれた人生のシナリオが大きく影響していて、次に違う環境に行ったときに、自分自身を変えられないのです。

「麻痺」と「壊死」、その臨界期

たまたまカウンセラー仲間と話していて、麻痺と壊死の境目はどこにあるのだろうという話になったことがありました。

年齢や社会に出てから何年経ったかで、壊死が確定する時期があるのではないかと思ったのです。

心理学では臨界期という言葉があります。例えば7歳を超えると、言語中枢の発達がある程度、止まるといわれています。大人になってから、英語を勉強しようとしても苦労しますが、7歳までの子どもは、海外に行くと話せるようになって帰ってきたりします。これを臨界期というのです。

だから、社会人にも臨界期に似たものがあるのではないかと話していたのです。

例えば、**22歳で大学を出て、20年という時間がひとつの臨界期**なのかもしれない、と。視野の狭い仕事をしていた場合や、新しいことにチャレンジしない人は、比較的早く臨界期を迎える傾向があります。

視野が狭いことや、社会に出てからある一定の期間に達したこと、自分に自信のある分野を持っていること、自分の会社の常識が世の中の常識だと思っていることが、条件として共通し

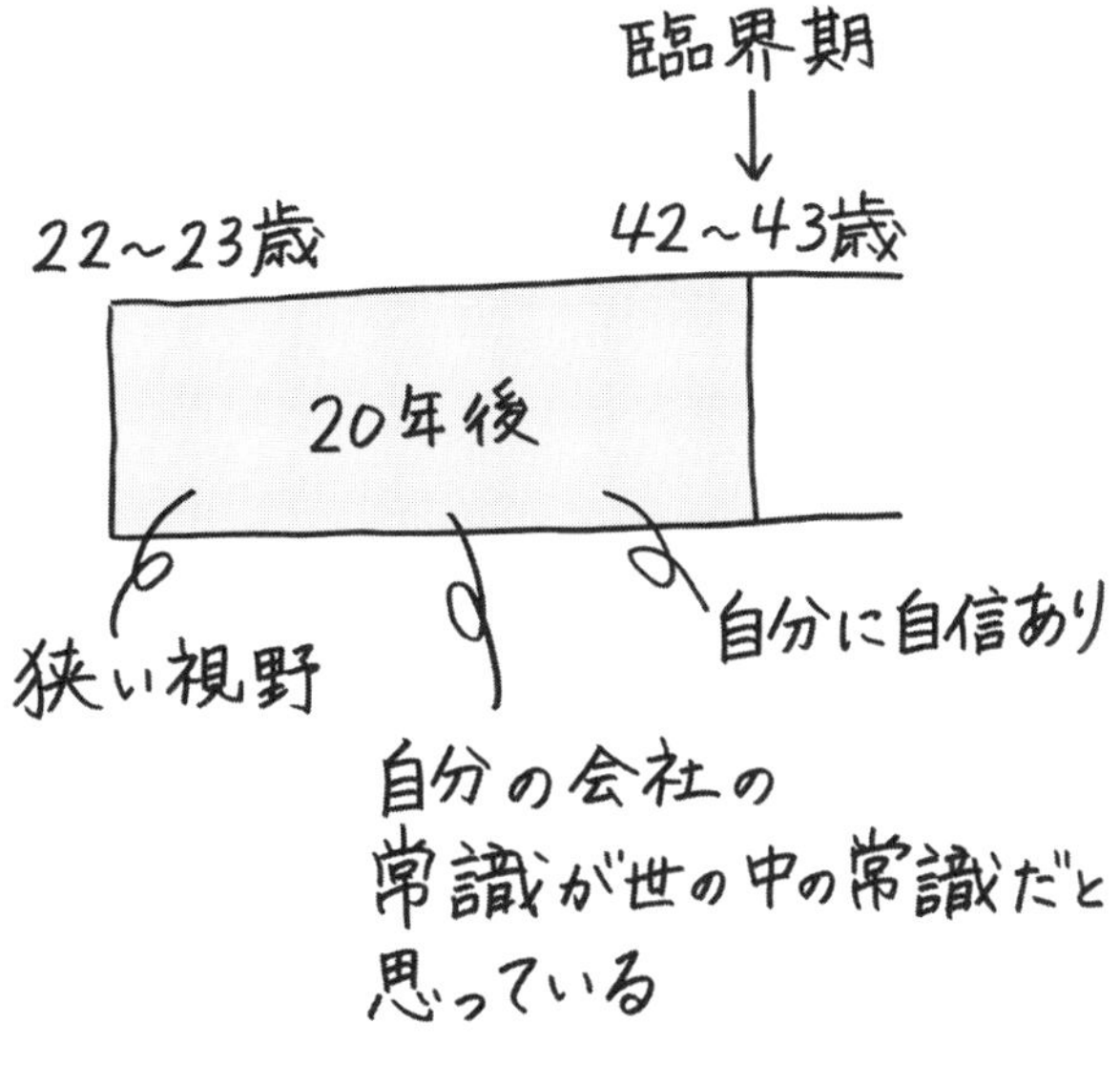
臨界期
22~23歳
42~43歳
20年後
狭い視野
自分の会社の常識が世の中の常識だと思っている
自分に自信あり

ているように思います。

この条件のいずれかにあてはまる人たちは、なかなか頑固で、世の中の状況が変わってしまっても、自分自身が変われません。「自分は営業畑でやってきた」「技術畑でやってきた」という自負がある人は、なかなか難しいです。また、自分の会社の常識が社会の常識だと思っている人も少なくありません。

逆に自分は何もできないと思っている人のほうが、意外に自分で仕事を見つけられるのです。

変化を好まない「人生のシナリオ」

ひとつの技術や、前に勤めていた会社に固執するタイプは、総じてプライドが高いです。もう、転職しているのにもかかわらず、「うちの会社は」と前の会社のことを言います。それなら、退職届けを出すべきではなかったのです。

本人も環境や時代が変わったら、自分自身が変わるのは当たり前だと、頭ではわかっていても、つい前の常識や価値観が顔を出してしまうのです。

状況が変わっても、自分自身が変わろうとしないのは、これまでの人生のシナリオがマイナスに働いている結果です。人生のシナリオには「変化をしたくない」と書かれているのです。

例えば、ある金融関係のビジネスマンが「もう死にたい」と言いました。なぜかと聞いたところ、給料が半分になってしまったそうなのです。

「それは大変ですね。ちなみにおいくらなのですか」と聞いたら、「月給60万なんだよ」と答えます。このご時世で60万円ももらっているのはすごいこと。私が「いいじゃないですか。十分食べていけますよ」と言うと、彼は「いや、半分になってしまったから死にたいよ」と言うのです。

この金融関係のビジネスマンの場合は、成功の人生のシナリオが邪魔しています。**今の不景気な世の中になっても、以前の人生のシナリオから逃れられないのです。前の時代の成功の脚本が新しい時代の脚本に書き換えられていないパターン**です。

このケースは、昔からありました。例えば、貴族の時代が終わるのに、「自分たちは貴族だ」と、前の価値観にしがみついて、新しい時代になると、没落していった人たちがたくさんいました。

反対に今までのいい部分に、新しい価値観をどんどん取り入れていって、変わっていった人たちが明治維新以降に力をつけていきました。

やはり、**時代や環境に合わせて、臨機応変に自分自身が変わっていくことが大切**なのです。

人任せになっている人生シナリオ

今の若い人たちに多いケースで、人生が上手くいかなくなるパターンをお伝えしましょう。多くの人たちは、**達成感が得られていなかったり、人からきちんと関わってもらった感覚がないまま、これまでの人生を生きてきています。**

これでは、**自分のやってきたことに報われた感覚がありませんから、当然やる気は消え失せます。**やる気というガソリンがないと、自分という船にはエンジンがかからず、漂流してしまうのです。

基本的に、人間は鎖で繋《つな》がれているのではないので、人ときちんと関わらない職場だったとしても、プライベートで友人を増やしてみたり、新しいことに挑戦してみたりして、自分なりに人間として成長することはできます。

平日は忙しくて残業ばかり。休日は疲れきって家で寝ているだけ。日々の仕事や生活をただ無難に繰り返し、自分の人生をどうしたいのか考えることもない——。

このように、**自分の考えや感情を押し殺して、自分の人間性を育てず、視野を広げてこなかった人たちは、意外に少なくない**のです。

そういった人たちが40代になって、会社から急に放り出されたときに、社会に適応できなくなってしまうのです。

ですから、会社や周りのせいではなく、原因は自分自身にあるのです。残念ながら、自分の人生を考えなさ過ぎたところがあります。

もっとも、少し前までなら、それでもよかったのです。給料は上がらなくても、悪いことさえしなければ、会社をクビにはならなかったのです。しかし、今は戦力にならない社員は、容《よう》赦《しゃ》なく切られてしまう時代になりました。

ある女性は、派遣社員として、同じ会社に10年、次の会社でも10年、合計20年間勤めました。基本的に真面目な性格なので、ひとつの職場で長く続けられるのです。

しかし、このご時世なので、派遣の仕事は契約満了となり、更新されなくなりました。彼女に何ができるのかというと、一般事務なのです。厳しい言い方ですが、今の社会状況では、それは何もできないことと同じ。ハローワークに行っても、40歳を過ぎているのに資格も特殊技能もないので、雇ってくれるところがないのです。

自分自身と向き合い、リスクを負うことが大切

この人たちに共通するのは、今までの価値観を捨て切れないところにあります。

それは、自分の人生のシナリオだけではなく、社会が描いてきたシナリオでもあります。

以前は、真面目にさえやっていれば、会社をクビになることもなく、給料は少しずつでも上がっていきました。でも、そういった右肩上がりの時代は、日本だけでなく、世界的にも完全に終わってしまったのです。

前の時代が終わったのにもかかわらず、古い時代の価値観を引きずりながら、自分の生き方を見つけられていない人たちが今の世の中に溢れています。

厳しい時代の今こそ、幸せになっていくために、自分自身ときちんと向き合って、どう生きていきたいのか、今一度考えてみませんか。

その際に、ひとつ注意点があります。**自分自身と向き合って目標を定めることは、自分でそのリスクを背負うことでもあります。**

誰の人生でもなく、あなた自身の人生なのです。**仕事もプライベートも、人生は結局、自分次第。達成感を感じられない人たちの多くは、自分次第だと思っていない**のです。

会社や時代のせいにしていては、いつまで経っても、自分が自分の人生の主役になることはできません。

何ごとも自分次第であるとはいえ、自分次第とは思えない達成感のなさが私たちの船の航路を脅かしています。

達成感とは、やる気をしっかりと支えてくれる大切な要素。達成感があってこそ、やる気が芽生え、継続していけるのです。

そして、皆さんもご存知の通り、**やる気が続けば、人生のあり方はおのずと変わり、成果も出ます。**

自分という船にやる気というガソリンが注がれたら、船のエンジンはかかり、大海を思うように渡って、目標とする港にたどり着けるのです。

第3章

やる気の作り方

いよいよ、やる気を起こす「スイッチ」と、
それを長続きさせる「法則」を伝授します。
やる気を持続させる必須条件を知れば、いつも
やる気に満ちあふれていて、目標が達成できる、
パワフルな人生が手に入れられます。

「気の持ちよう」とは違う「やる気」の起こし方

これまで目標が達成できるのは、やる気が起きて、それが継続できているからだと触れてきました。

この話を始めると「何だ、要はやる気なのか」「何ごとも気の持ちようなんだ」と、思われる方もいるのではないでしょうか。

私は子どものころから、この「気の持ちよう」に関して、言われるのが苦手でした。

例えば、風邪を引くと、「気持ちがたるんでいるからだ」と言われるのです。

また、猛暑日なのに「心頭を滅却すれば火もまた涼しい」と言われても、全く共感できず、「でも、暑いものは暑いから。理解できない」と思っていました。

皆さんも「何ごとも気の持ちようだから、やる気を起こせばいい」と言われても、すんなりと納得できないのではないでしょうか。

それが簡単にできていれば、私たちは悩まないし、苦労もしないのです。

前々から「やらなければならない」と思うことに対して、なかなかやる気が起きないというのが多くの人の悩みです。

また、**やる気をひとときは持てたとしても、それが長続きしないと感じている人も多いので**

はないでしょうか。

では、どうやってやる気を起こし、持続させるのか。本章では、やる気を起こすノウハウをお伝えしていきます。

「やる気」を左右する「自主性」と「規制」

今、私の手元に子ども用の文具キットがあります。

これはアメリカで買ってきたものなのですが、クレヨンやクレパスなど、さまざまな彩色する文具がひとつの箱に納められています。私はここにも成長を促すモチベーション、つまり「やる気」が秘められているように思うのです。

このキットは、5歳だからクレヨン、7歳だからクレパスというように、特に使い方は定められていません。道具はあくまでも道具なので、子どもに自分の使いたいものを選ばせるのです。これはアメリカ的に言うと、**自分で選んで自分で決めるという「自主性」を養っていることになります。**

反対に「あなたは5歳だからクレヨン。7歳だからクレパス」というように、他者に決められている場合は「規制」です。

さて、**自分で選んで自分で決めるという「自主性」と、あらかじめ他者に決められている「規制」の軸のなかでは、どちらがやる気が高いでしょうか。**

もうおわかりだと思いますが、**「自主性」があるほうがやる気が高い**のです。だから、やる気において、「自主性」が非常に大きな役割を果たしているのだと覚えておいてください。

こんな話があります。第二次世界大戦末期のシベリアの収容所の捕虜は、大変過酷な状況のなかで、強制労働させられていました。捕虜の人たちは、真冬の寒いなか、薄着で何キロも歩かされたと聞きます。

ところで、私の家の近所に毎朝欠かさずランニングをしているおじいさんがいます。真冬のものすごく寒い時期でも、おじいさんはTシャツ1枚で何キロも走っているのです。

シベリアの捕虜の人たちとおじいさんのやっている行動を比べると、体に対してかかる負担やストレスは、基本的に同じです。

しかし、メンタル面はどうかというと、走りたくて続けているおじいさんは、気持ちがとても元気です。反対に、強要されている捕虜の人たちの気持ちは疲れきっています。

ここが重要なポイントなのですが、**「自主性」や「自由である」というキーワードは、私たちのモチベーション、イコールやる気をものすごく上げてくれる**のです。

もうひとつ、メンタル面では双方に大きな開きがありますが、体に対しての負荷はそう変わりません。ということは、**いくら体を休めてみても、自主性が伴わなければ、やる気は起きないのです。**

毎日、9時から5時まで働いて、残業はゼロだから、体に負担は一切なし。でも、「規制」のなかで、他人に決められたことだけをやっている人は、一向にやる気が起きません。

一方、夜遅くまで残業し、徹夜も辞さない覚悟。休日返上で「何としてでもこの仕事を完成させるぞ」と、自主的に働いている人は、ものすごくやる気が高まっています。

このように、自主性があるかないかの違いは、とても大きいのです。

そして、**自主性を伴って、やる気を上げれば、体力や能力に関係なく、ものごとに対して、よりパワフルに取り組めるのです。**

さて、自主性を伴いながら、やる気をどう出していくのか？　いよいよ本題です。

やる気が出るポイントは、大きくは４つあります。まずは「目標」です。これがあれば、達成しようという意識が生まれ、やる気は当然上がります。また、その「目標」は大きなものでも、小さなものでも構いません。**小さな目標でも、「行動」「感情」「存在意義」の３つによって、やる気を底上げすることができます。この４つがそろうと、やる気は大幅に上がり、どれかひ**

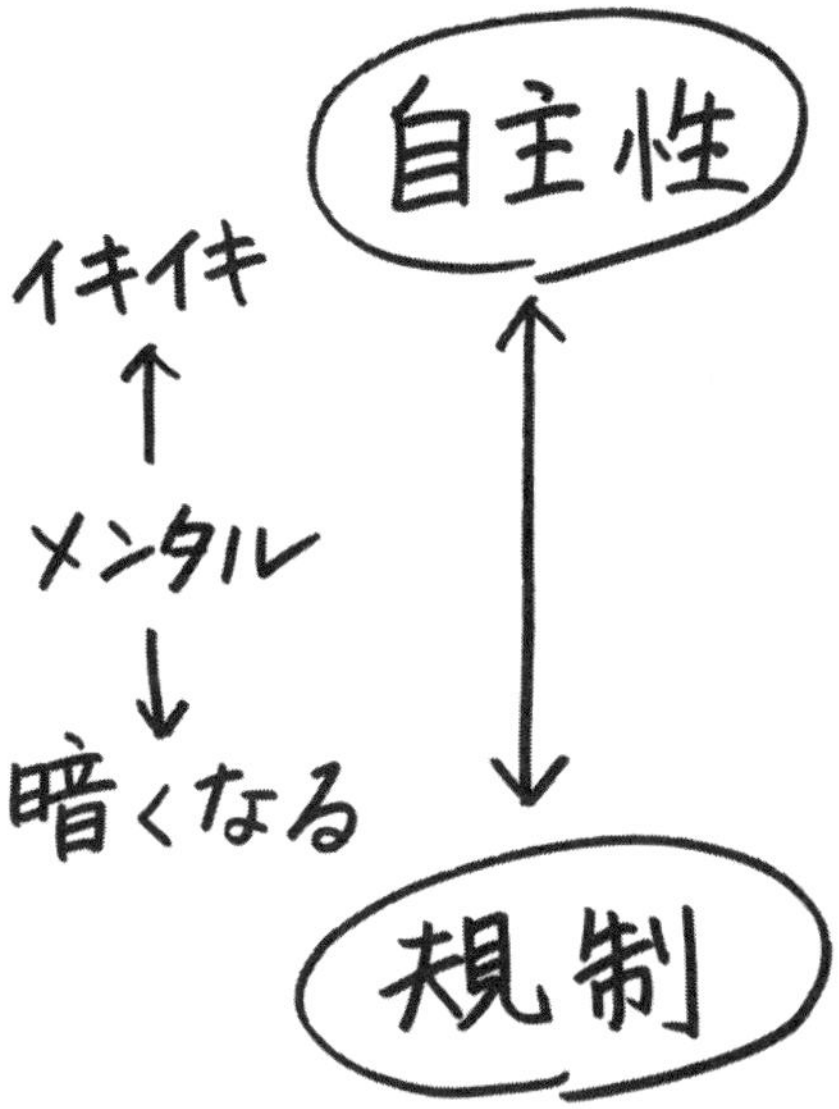
自主性
イキイキ
メンタル
暗くなる
規制

とつが欠けると、やる気はぐんと下がります。

ひとまずは「目標」「行動」「感情」「存在意義」が大切なポイントだと覚えておいてください。

これから、この4つのポイントがそろったときの状態と、そのうちひとつが欠けてしまった状態を、具体例を交えながら解説していきます。その解説を読みながら、要所要所で、自分を見つめ直してみてください。あなたにとって、やる気を起こすカギが何なのかが、わかってくるはずです。

やる気が続く黄金法則

さて、「オリンピックに行きたい」という「目標」を立てた人がいました。

最初は夢みたいなものです。夢はあくまで「こうなったらいいな」と思うことであって、「行動」は伴わないものです。しかし、**夢に「行動」が伴うと、夢がにわかに現実味を帯びてきて「目標」になっていきます。**

この人の場合は、「行動」を起こして、体操をはじめました。そして、毎日練習を繰り返すことで、試合に勝てたのです。

なぜ、毎日練習を繰り返せたのでしょうか？　人間はロボットではないので、1日8時間練習するという、過酷な行動は、普通は長くは続きません。**「試合に勝ててうれしいな」「強くなるって気持ちいい」という「感情」があったからこそ、練習を繰り返すことができるし、やる気が強化されていくのです。**

やがて、この人が体操界のホープと呼ばれるようになります。

すると**「自分がやらないと誰がやる」というような、自分自身の「存在意義」が芽生えていきます。**そうしてオリンピックの選考会のときには、「オリンピックに行くのは、自分しかいないだろう」と思うようになるのです。

「目標」と「行動」、「感情」、「存在意義」のすべてがそろったとき、強固なやる気となります。そして苦しい練習も続けられるとなると、もう何も怖いものはありません。夢にまで見た、オリンピック出場が実現していく瞬間です。

黄金法則を「心のクセ」が邪魔をする

ところがそうありたいはずなのに、**ほとんどの人はやる気を積み上げていくプロセスのなかで、自分の心の習慣ともいえる「クセ」によって、ズレが生じてしまう**のです。

これが2章でもお話しした「人生のシナリオ」に関与してくるのですが、一点の曇りもズレもなく、すぐにやる気が上がる人のほうが実はまれなのです。

例えば、行動力はあるのに、感情面で「いやだ」「認められない」とブレていたり、行動も感情も備わっているのに、自分の存在意義がはっきりしないから、グダグダになっている場合もあります。

逆に「自分が世の中を変えるんだ」と、存在意義がはっきりしていても、肝心の行動に移せていない場合もあるのです。

このように、**これまでの自分の「人生のシナリオ」は、やる気を上げる際に、ズレを生じさせるもの**なのです。

しかし、**自分の人生のシナリオを書き換えることは、非常に難しいかというと、そうではありません。**

ちょうど、背骨のちょっとしたクセを正して、まっすぐにすれば、健康になれるようなイメージだと思ってください。

よく「人生のシナリオ」に書いてある「クセ」を性格や運だと思っている人がいるのですが、そうではありません。**性格を変えるのではなく、目標に向かって、ものごとに取り組むときの「心の習慣」を変えるだけ**なのです。この「心の習慣」を変えることで、さまざまな目標の達成ができるようになります。

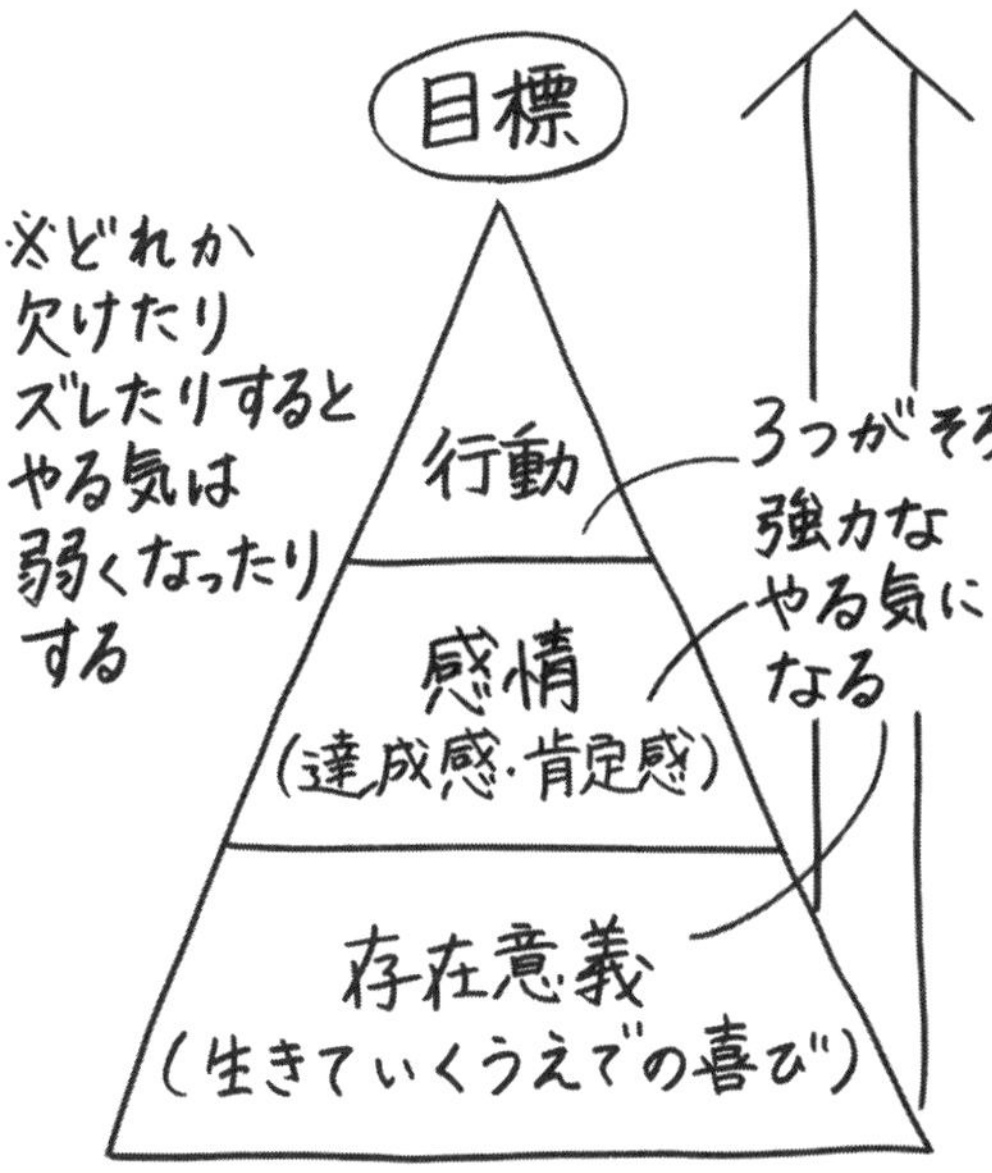
目標
※どれか
欠けたり
ズレたりすると
やる気は
弱くなったり
する
行動
3つがそろって
強力な
やる気に
なる
感情
（達成感・肯定感）
存在意義
（生きていくうえでの喜び）

目標に対してひとつでも破綻すると連鎖して欠けていく

それでは、目標に向かって「行動」「感情」「存在意義」のどれかひとつでも破綻している例を具体的にみていきましょう。

あまりに忙しくて時間がなかったり、やるべきことがたくさんあり、わけがわからなくなって、「行動」で破綻してしまっている場合です。

基本的に「忙しい」という人は頑張っている人が多く、総じてやる気は高い人が多いです。ただ、**忙しくなってしまっている「行動」が「感情」や「存在意義」と繋がっていない**のです。

「やらなきゃいけないから、やっている」という気持ちになるのです。

そうすると、**やってもやっても、自分のなかには何も得られないから、疲れきってしまいます。**

やる気を維持するための「感情」のなかで、もっとも大切なのは、**「達成感」や「自己肯定感」です。「達成感」や「自己肯定感」という「感情」が私たちのやる気を助けてくれるのです。**

「達成感」もなければ、「自己肯定感」も得られないとなると、そのうちに「いったい何のために働いているんだろう。もう、やっていてもしようがない」と思うようになります。

仕事は次々と舞いこんでくるので、やらなければ溜まっていく一方だから、やっている。でも、この仕事に自分の「存在意義」を感じているかというと、そうでもない。要はお金のためだけに働いている――。

この場合、**行動力はものすごくあっても、「感情」や「存在意義」も伴わないので、どこかでやる気が急速に落ちます。**

最初はやる気が起こらなくなってきても、何とかやろうとするのですが、そのうち朝は起きられなくなるし、月曜日に出勤するのがいやになるのです。このようなメンタル不全になる人は、やるべきことや、やらなければいけないことはわかっているのに、自分の「感情」と「存在意義」がないのです。

これが「行動」だけがあって、他が備わっていないためにバランスがとれていない場合です。一時的にはよくても、いつか破綻したり、ミスが多くなる場合もあります。

少し余談になりますが、仕事が忙しいと感じている人は、特に「完了感」や「達成感」がない場合が多いです。やはり、人はやり終えた仕事よりも、残した仕事や、達成できていない仕事を思い出して、疲れてしまうのです。

これは、仕事を体系立てて考えていないために、「完了感」や「達成感」が一向に得られず、「忙しい」と心に負担に感じているのです。

おそらくほとんどの仕事は、**あるゴールに向けて、いずれも関連性があり、一連の流れがあるはずです。**スタートからゴールまでの流れのある作業は、着実に前に進んでいることが自覚できるので、忙《せわ》しなく感じたり、負担になることもありません。

反対に、全く関連性のない複数の仕事をこなそうとすると、負担に思えたり、量が多く感じるものです。

これをマラソンに例えると、ゴールまでの道筋がイメージできないために、途中でくたくたになり、歩いてしまうようなもの。会社に「走れ」といわれるから、走るものの、コースの下見をしていないマラソンランナーと同じ状況なので、疲労困憊《こんぱい》になるのです。

多忙で精神的にも負担を感じている人は、仕事を規模や量で考えるのではなく、「流れ」で考えるようにしましょう。そうすれば、「忙しさ」という、心への負担はなくなりますよ。

「感情」が破綻する原因は「不安」

次に「感情」で破綻する場合は、**「不安」が一番の原因です。**この「不安」とは、実はけっこう厄介なものなのです。

ちなみに「恐怖」になると、**その場から逃げるという「行動」に繋がります。しかし、「不安」**

だけでは逃げ出すこともしません。

「不安」とは、お化けのいないお化け屋敷のようなもの。実際はお化けが出ないのに「お化けが出るかもしれない」と疑心暗鬼になり、前に進めない状態です。全ては自分の想定のなかで、**現実には何も起こっていないのに、一歩も動けなくなるのが「不安」の厄介なところ**なのです。

現代は「100年に一度の不況」といわれ、社会全体が不安に包まれています。

そうすると、「自分が生きているうちはだめなのか」と不安になり、元気がなくなるのです。

世の中の不安と、自分のなかにある不安がどんどん引き出され、不安ばかりが煽られていくのに、行動には全く結びつきません。

例えば、テレビのニュースなどの情報は、不安を作り出しますが、実際にどう対処したらいいかという、ノウハウを知らせる情報は少ないのです。

ニュースを見て、老後の暮らしが心配になったときに、「このように、自分のライフプランを明確にしてみてはどうか」と提案されると、やるべきことがわかります。自分の老後のライフプランをノートに書き出してみたり、政治家の公約をリサーチしておいて、次の選挙に備えるという、**「行動」に移せば、ここで生じた不安は一掃できる**のです。

住みこみの仕事を断ってホームレスになってしまう原理

不安が増大し過ぎて、動けなくなる、典型的なケースをお話ししましょう。仕事を失い、住む家がないのにもかかわらず、仕事を断り続けている男性がいました。

住むところがないので、住みこみの仕事を探しているのですが、ここで仕事が見つからなければ、ホームレスになるという、厳しい現実が間近に迫っています。でも、この場合は、住みこみの仕事をすれば、ホームレスにならずに生きていけるのです。

それなのに、男性は、自分から仕事を断ってしまうのです。本人は、「自分のできる仕事だと思う。でも、給料が安い」と言います。

しかし、それは高い給料で雇ってくれるところが他にないのだから、仕方がないようにも思えます。彼は、住みこみの部屋がふたり部屋であることにも、難色を示していました。「ひとり部屋がいい」とこだわるのです。

そうやって仕事を断ってしまうのですが、断ってしまうと、ふたり部屋どころではない、住む家のないホームレスになってしまいます。

まず、彼はいったい何が不安だったかというと、ふたり部屋に難色を示すという様子を見る限り、コミュニケーションが苦手だという不安があるのです。

次に、本人はできる仕事だというけれど、本当に仕事ができるのかわからないという不安がある。給料が安いことに関しては、「自分が認められていない。不当に扱われるんじゃないか」という不安を感じています。

こういった不安も、ホームレスになって、生きるか死ぬかの不安に比べたら、耐えられない種類のものではないと思います。

しかし、「不安」というものは、ものすごく強いものです。いろいろな不安が一気に噴き出てきたときに、いったいどうするのかというと、自分から仕事を断ってしまうのです。

この男性の場合は、仕事を断ることで、自分自身を否定しないでいられるプライドを保っているのです。

このように、最近はプライド失業者が増えています。何が何でも食べていかないといけない立場の人でも、プライドがとても高くて、「こんな仕事はやれない」と言います。でも、その仕事はつまらないかもしれないけれど、きつい仕事でもないのです。

長く働くにつれ、肺を患ったり、怪我をしたりして、体を壊してしまい、「この仕事はもう無理だ」と思える仕事ならわかります。しかし、プライド失業者の場合は、そういったきつい仕事ではなく、少々退屈だったりつまらなかったりするだけのことが多く、**仕事で自分の価値を得られないことに不安を持って、ホームレスに転落していく**のです。

これは、**本人が「自己肯定感」を持っていないために、他の人がそれを与えてくれないと、自分自身のバランスがとれない**のです。この男性の場合も、他の人が「自己肯定感」を与えてくれないと満足できず、あえて自分が破滅する道を選んでしまいます。

過去に経験したリアリティのある不安が勝つ

もうひとつ、どうしてホームレスになることよりも、他の不安が勝ってしまうのでしょうか。

これは、ひとえにリアリティによるものです。

この男性は、今までホームレスになったことは一度もありませんから、ホームレスという立場にリアリティがないのです。「想像」はしても、「経験」はしたことがありません。でも、**今持っている他の不安は、おそらく過去に経験があるので、ものすごくリアリティがあります。**だから、**ホームレスへの不安よりも、リアリティのある不安のほうが勝ってしまう**のです。

仕事面だけではなく、恋愛の場合もこのようなことは起こり得ます。

精神的に不安定な女性がいました。彼女は「彼と付き合っていても、何だか不安なんです」と言います。何が不安だと聞いても、具体的には言えなくて、「すごく優しくて、いい彼なんだけど、何だか上手くいかなくなりそうな気がする」と言うのです。

彼女には、どうせ上手くいかなくなるのなら、長く付き合うと、お互いに傷が深くなるから、早く別れたほうが身のためだという、理屈がありました。

だから、破局が前提の交際なのです。そして、どうせだめになるのなら、自分から彼をふってしまおうと、破局を選んでしまうのです。

この女性も**「感情」面で、「自己肯定感」がないために、自分自身を破綻させています。**そして、自分は「絶対に幸せになる」という目標を達成できないのです。

このように、「自己肯定感」や「達成感」は、人間にとって、ものすごく大切なものです。

そして、**社会や周りは、それを与えてはくれない**のです。**自分で自分の「自己肯定感」や「達成感」を作っていかなくてはならない**ことをぜひ知っておいてください。

やはり、「感情」とは、人間の大事な中枢部分です。これがないと自分の人生が破綻してしまうし、やる気も上がらないのです。

「達成感」や「自己肯定感」を得るコツ

さて、**「達成感」とは**、どうしたら得られるものなのでしょうか。これは、**ものの捉え方次**

第で、意外に簡単に得られるものなのです。

例えば、今日の仕事の終わりの時間が来たときに、「今日はこの仕事の半分までできた。こんなに進んで、すごくよかった」と思えたら、「達成感」になるのです。

ところが「半分しかできなかった。どうしよう」と思うと、全く同じ仕事をしているにもかかわらず、「達成感」が得られないのです。

同様に「銀メダルですみません」と言う人は、銀メダルを取っているというのに、「達成感」が全くありません。

では、宝くじに当たったときに、「達成感」はあるでしょうか？

「うわー！　ラッキー！」という高揚感はあると思います。でも、「達成感」とは、また違いますよね。

反対に、はじめて自分で好きな仕事を一生懸命やって、5000円のギャラがもらえたとしたら、ものすごく達成感があるはずです。

アメリカではよく、子どもに自分でできる商売をさせることがあります。例えば、レモネードを作って売ったり、フリーマーケットでおもちゃを売ったりするのです。そうして、親と約束した金額に達すると、欲しかったスニーカーなどを買ってもらうそうです。

こういった体験をすることにより、子どもは、お金を稼ぐことの大変さや、お金の有難さを学びながら、「達成感」を得ているのです。そして、**「達成感」がある人たちは、非常に心が強いです。**

「達成感」とは、自分の心の持ちようで、いくらでも持てるものです。それも、ほんの少しの小さな努力で持てます。しかし、先ほどもいったように、**周りは「達成感」を与えてくれないので、自分で意識して得ていく必要があるの**です。

「達成感」獲得トレーニング

日常のなかで、自分で「達成感」や「自己肯定感」を作っていく、心の習慣の工夫をしてみましょう。

例えば、自分ではあまり好きではない単調な仕事があったとします。やはり、好きではないことは、素早く終えたいものです。

そこで、その仕事を10分間でやりきることに決め、携帯電話のタイマーなどを利用して、ゲームにしてしまうのです。最後まで仕事を終えて、タイマーを止めたときに、9分45秒だったら、「やった！　すごいよ！」と、自分を大いに称えましょう。

反対に、締め切りの10分を過ぎてしまったときは、大いに悔しがるべきです。

正しく悔しがれば、次は勝てる！

先ほどの「銀メダルですみません」と言った人の場合も、「あんなに頑張ったのに、銀メダルで悔しい」なら、ありだと思うのです。

一流の選手であっても、神様ではないから、負ける試合もあります。でも、負けたときに悔しがらないと、絶対に強くなれないのです。

私がメンタルトレーニングを担当した選手の試合で、ものすごいラリーが続いたことがありました。点を取られては、取り返すという、互角の戦いが続いたのです。この厳しい勝負を制することができるのは、メンタルが強い人です。ところが担当した選手は、最後の最後で負けてしまいました。

試合直後に彼を呼んで、「どうでしたか」と聞いたら、彼は「こんな試合の結果は、ジャンケンみたいなもので、運なんです。どちらが勝つか負けるかなんて、関係ないんですよ」と言うのです。その言葉を聞いて、私は大いに怒りました。

「そんなことを言っているから、あなたはいつも競り負ける。競った試合になったときに、負ける確率がとても高いのに自分で気づいていますか。あと一歩で勝てるところを負けて悔しくないんですか」

人は傷つきたくないので、自分の悔しい気持ちをセーブしがちです。しかし、負けたときは、ぜひ健全に、正しく、悔しがってください。ものを投げたり、蹴っ飛ばさなくてもいいから、「悔しい！」と言うぐらい、言っていいのです。正しく悔しがれば、そのときは負けても、次は勝てます。勝てるチャンスが巡ってきます。**負け続けても、悔しい気持ちを忘れなければ、必ず突破口が見つかるのです。**

簡単に勝てたときよりも、負けても負けても、ひたすら悔しがり続けて、ついに勝ったときのほうがものすごく気持ちがいいものです。**今日の「悔しさ」は、未来の「達成感」が数倍返しになるのだと、覚えておいてください。**

仕事の締め切りの10分が過ぎたときも、「負けた！」と、大いに悔しがりましょう。でも、何度もチャレンジするうちに、絶対にクリアできるようになります。そして、「自分も成長するものだな。前は15分かかっていた作業が今は10分を切っていて、すごいよ」と思えるようになるのです。そうやって、**やりたくないルーティンワークは、「達成感」や「自己肯定感」に変えていきましょう。**

オリンピック出場が決まったときに、選手が無上の喜びを感じるのは、大変な思いをたくさんしてきたからです。オリンピックは肉体的にも、精神的にも、人間の限界を乗り越えてきた結果、ようやく行ける場所だからこそ、うれしいのです。

上手くいったことだけが「達成感」になるのではありません。負けてもいいのです。何度負けても、チャレンジし続けて、ようやく到達できたことは、大きな「達成感」になっていくはずです。

「存在意義」が欠けている場合

最後に「存在意義」が欠けている場合について、お話ししましょう。実は最近、「存在意義」が欠けている人は少なくありません。

「存在意義」とは、いったい何かというと、「生きていく喜び」です。あなたが生きていく上で、楽しいときはどんなときかということです。もちろん、日々の生活だけでなく、仕事に関してでもいいのです。あなたが仕事をやっていて、楽しいときは、どんなときでしょうか？

こういった質問をすると、人それぞれにさまざまな答えが返ってきます。

「やっぱり、給料が入ったときかな」

「お客さんに『ありがとう』と言ってもらったとき」

「仕事を終えて、仲間と打ち上げに行く瞬間だな」

このように、「存在意義」は、人が生きていく上での喜びと繋がっているのです。こういったことをきちんと自分で意識化できている人は、自分自身のベースがものすごく強いです。この「意識化」とは、自分で言葉にしたりして、意識できている状態をさします。

とあるメーカーに勤務する男性は「商品を作っていく過程でたくさんの人たちと協力しながら進めていって、思い描いた形で商品ができあがった瞬間」がすごくうれしいそうです。この人の場合は、ものを作り上げていく喜びや、達成感が「存在意義」になっているのです。

画家の人にも同じことを聞いてみたところ、「自分が『これだ』と思ったものが形になった瞬間かな」と言いました。

彼の心のなかでは、描きたい絵がすでに完成しているのですが、そのイメージに技術がついていかなくて、思い描いた通りの色を出すのに、何週間もかかるのです。でも、思った色が出て、それがすべてと混じり合って、ひとつの絵になったときに、ものすごく感動するそうです。世の中が作品を認めてくれるのは、もちろんうれしいことだけど、自分のなかでは、作品が完成したときに達成しきっているのです。

これは大切なポイントで、**「存在意義」が人に評価されることに繋がっている人は、人次第になるので、当然ブレます。この人の場合は、自分にとって、いいものができればいいとい**

う、自分のなかで完結する「存在意義」なのです。

トップアスリートの場合も例外ではなく、自分のなかで最高のパフォーマンスができればいいという人も少なくないのです。

他人の評価を「存在意義」にするという危険

このように**「存在意義」には、自分自身でコントロールできる、自分の内側から湧き上がってくるものと、人からの評価に左右されるものとがある**のです。

私は阪神大震災のとき、カウンセラーとして、ボランティアで現地の人たちの心のケアを行っていました。当時、カウンセリングの勉強をしているアシスタントは、「現地の人たちの笑顔が見たいから行きたい」と言いました。

しかし、この場合、現地の人たちの笑顔は見られるとは限らないのです。震災で家族を失って、短時間、話をしたぐらいでは、笑顔になれるはずがありません。泣いてくれたらまだいいほうで、ほとんどの人は言葉にすらならない状態です。そのなかで、カウンセラーとして、現場に居続けるその気持ちとは何か——。

私が現地に2年半通い続けられた理由は、「行かずにはいられない」と思ったからです。もちろん、人の役に立てればいいと思うし、人を助けたい気持ちもあります。不安などいろいろな気持ちが入り混じりながらも、「行かずにはいられない」のです。

だから、「相手を笑顔にしてみせる」とは、思っていません。自分の持っているカウンセリング技法で、現地の人たちの話を聞いて、その気持ちを受け止めます。笑顔にはならないけれど、「今晩ぐらいはゆっくり寝られそう」と言ってくれたら、それはそれでうれしい。でも、それをめざして行っているわけでもないのです。私の場合は、自己完結型の「存在意義」です。

しかし、「現地の人たちの笑顔が見たい」と思って行ったアシスタントの場合は、彼らの笑顔が見られなくてがっかりし、「こんなボランティアには、意味がないんじゃないですか」と言い出します。でも、**意味は自分が決めるもので、相手が決めるものではありません。**

だから、**相手のことをきちんと考えながらも、自分次第の「存在意義」を持つことが大切なのです。**

「存在意義」があるからこそ、人は頑張れる

もちろん、生きていく喜びは、人それぞれなので、人によっては、簡単に割り切れない場合もあると思います。

例えば、商品ができたときに「うれしい！　これだな」と思っても、人から「すごく使い勝手がよかったです。感動しました」と言われると、「これもけっこううれしいな」と思うものです。

同じエンジニアという仕事をしている人のなかでも、「システムが動いた瞬間にすごい喜びを感じる」という人もいれば、「システムが不具合なく動いて、取引先に『本当に助かったよ』と言われたときだ」という人もいます。これは、相手次第というよりも、達成感の現れ方の違いなのです。

「相手が役立つシステムだと思わなければ、単なる自己満足だと思うから、本当に役に立っている状態を見たとき」

「仕事を教えた後輩がイキイキと働いているのを見たときがうれしい」

「大変な仕事が終わったあとにビールを飲んでいるとき」

こんなふうに何でもいいし、いろいろな感情が入り混じっていていいのです。

改めて、「仕事をやっていて、楽しいときはどんなときですか」と聞かれると、「自分はこんなことを考えていたんだな」と思うはずです。そうやって、自分自身の「存在意義」を知ることが大事なのです。

「存在意義」を知ると、かなりきついときでも、「でも、このためにやっているんだ」「あのと

きは楽しかったじゃないか」と思い出し、意外に頑張れたり、力になるものです。

反対に「存在意義」がない人は、やる気が消え失せてしまいます。また、「存在意義」があったとしても、日常でいやなことがいっぱいあると、どうしても埋もれてしまいがちです。だからこそ、思い出す必要があるのです。

「存在意義」を見つける方法

自分の「存在意義」がわからないという人には、ぜひこの質問をしてみてください。

「今までの自分の人生のなかで、部活動でも学校生活でも何でもいいから、すごくきつかったけれど、一生懸命やって、達成感があった出来事は何ですか？」

これは、どんな些細《ささい》なことでもいいのです。

「小学6年生のときに出かけた登山で、途中で足が痛くなってしまったけど、頑張って登ったら、すごく気持ちがよかった」

「欲しかったプラモデルを買ってもらって、夏休みの間中、毎日作って、最後までできあがったときに、達成感があった」

このように、人と勝ち負けを競うことでなくてもいいのです。

そして、何があったから、あのときはあんなに頑張れて、気持ちよかったのかを考えてもらいます。

「打ちこめる○○があった」
「途中でくじけそうになったけど、ライバルがいたから」

そこに自分自身の「ツボ」があるはずです。このときの気持ちを再現すれば、どんな人でも仕事が楽しくなります。

そして、普段の生活のなかでは、この気持ちをなかなか再現できていないのです。

自分を見失ったときや、同僚がとても落ちこんでいて、仕事をやる気になれず、「どうせやっても仕方がない」「この仕事は自分に向いていない」と、言い出したときにも有効です。「そんなこと言わないで、頑張ろうよ」「今からの転職は大変だぞ」と言われたとしても、やる気は全く起きません。

そんなときに「今までの仕事のなかで、一番きつかったけど、アクシデントやトラブルを乗り越えて、『やったぞ』と思えた仕事は何だった?」と、聞いてみてください。

そうすると、相手は過去の記憶をたどり、「○○の仕事のときは、けっこうきつくて、周りも大変だったけど、自分が頑張ってやったからできたんだ」というような答えが返ってくるはずです。

そうしたら、「そのときは何があったから、頑張れたんですか」と問いかけます。

相手は「自分でもよく勉強していたな」と、そのときの状況や行動が思い出せるのです。

アメリカには、「自分が打ちこんだものほど、手離せなくなる」という言葉があります。要するに、**途中であきらめられるものは、エネルギーをかけていないものばかり。反対に、ものすごくエネルギーをかけたものは、なかなか手離せません。**

だから、頑張れたときの気持ちを思い出してもらって、何があったから、頑張れたのか、今一度考えてみてほしいのです。

「今はどうか」と聞いたら、相手はおそらく「今もきつい。でも、今とそのときは、状況が違う」と言います。でも、意外に「きつさ」の種類は、変わっていなかったりするのです。

先ほどの質問で見つからなかった場合は、「今までの人生のなかで、何でもいいから、すごくよかったことは何ですか」と聞いてみましょう。

「存在意義」は、年齢やキャリア、環境によっても変わっていくので、ぜひ自分自身に問いかけてみてください。

「やる気」の状態を毎日チェックしよう

「行動」や「感情」、「達成感」「存在意義」のいずれかが上手くいってなくて、バランスが悪くなると、やる気が著しく下がってしまいます。

そこで、次の質問と、自分自身の行動をきちんと照らし合わせてみましょう。

①「行動」と「時間」がマネージメントできていますか。
②自分のなかに「自己肯定感」と「達成感」が持てる毎日を過ごしていますか。
③やみくもに「不安」に支配されていませんか。
④自分のなかの「存在意義」に基づいたことをやっていますか。

よく「やりたいことがやれないから、仕事や会社を変わる」という人がいます。しかし、「存在意義」とは、職業や会社などではないのです。

例えば、出版社に勤めていた人が定年退職しても、自分のなかの「存在意義」が消えず、「自分が『これだ』と思うものを作りたい」と思ったとします。

それは、もしかしたら、本を作ることではなくて、地域のコミュニティーで緑化運動をやることかもしれません。ボランティアをして、公園ができあがったときに、本を作っていたときと、同じ喜びが味わえるのです。このように「存在意義」とは、決して仕事や会社ではないことがおわかりいただけるかと思います。

仕事をしていく上で「存在意義」をなかなか見つけられなかったり、実際にやってみて、自分のなかのいろいろな理由でそぐわない場合、キャリアチェンジはありだと思うし、悪いことではないのです。ただし、**方向転換をするときに、自分の「存在意義」をわかっていないと、行き倒れてしまう**のです。

技術や能力、感性などは、あくまで、自分の人生を実現していくための道具でしかありません。時代とともに変わるものにはしがみつかず、道具は道具だという意識を持つことが大切です。

こうして、自分自身と向き合うと、あれもこれも欠けている感じがするかもしれません。しかし、意外に簡単な方法で、やる気のスイッチは入れられるのです。

毎日のプチ目標があなたの「やる気」に火をつける

ここでは、自分という船に、ガソリンを注ぎこむ方法をお知らせしましょう。

まず、**毎朝、起きたときに今日のプチ目標を決めておきます。**このとき、大きな目標は、さまざまな外的要因が絡んでくるので避け、**自分でコントロールできる範疇の小さな目標を作ります。**

例えば、「今日は机の周りをきれいに使いながら働こう」「体にいいものを食べる1日にしよう」と決め、それができたら、「達成」なのです。人はずっと続けようとすると、いやになってしまうので、**達成できる小さな目標をたくさん作り、完了したら、自分で承認します。**

「気になっていたファイルの整理ができた」

「今日は野菜をいっぱい食べたからOK」

このように、夜寝る前か、会社から家に帰るまでの間に、「今日の自分はこんなにできた。素晴らしい」と自己承認をします。

こうして、**プチ目標を達成することで、やる気のスイッチを入れてください。毎日、少しずつやっていけば、だんだんと元気になれるし、やる気も上がっていく**のです。そして、あれもこれもやらなければと、焦ることもなくなります。

私の場合は、前日に1日のスケジュールを書いておきます。別のページに書いてある、やるべきことやプチ目標を明日のスケジュールの欄に転記しておくのです。

その日を終えて、次の日のスケジュールを書くときに、達成できたプチ目標に、「やった！」

と思いながら、花丸を入れています。

1日を思い返してみると、自分がやっていることは、意外にたくさんあるのです。そして、その度にきちんと承認していくことが「達成感」や「自己肯定感」を培《つちか》い、やる気に繫がります。この積み重ねの時間は、とても楽しいものです。

やる気が一向に上がらない人は、騙されたと思って、まずは3週間、続けてみてください。だんだんと慣れてきたら、次は90日を目指しましょう。

達成できても、できなくても、いいのです。とにかくやめないことが大切です。やめなければ、次の段階に行けるからです。**90日続けると、習慣化するので、歯磨きのようにやらないと気持ちが悪くなります。**

もし、**これができないようなら、まずは3日をめざしてください。3日から、3週間、3ヵ月と、徐々に日数を延ばしていきましょう。**

このプチ目標の達成ができるようになると、意外にいつもやる気が高い状態が保てます。メンタル的にも、すごく安定しているし、自分の内側からエネルギーが溢れている状態が実感できるはずです。

やる気を起こすための

ワークシート

No.3 「プレッシャー解消」編

●あなたがプレッシャーを感じたときは、
どんな行動に出ることが多いでしょうか。

家族と口論になりやすい。家族に八つ当たりしてしまう。

●あなたは今、何に対して、プレッシャーやストレスを感じているのでしょうか。あなたの立場や人間関係、状況などを詳しく書いてください。

自分の部下がトラブルを持ってきたので、フォローしなければいけない。
仕事は多忙だし、家の用事も抱えている。
自分でも気にかかっている用事ができていないことを家族に指摘された。

●その状況に対して、自分がどんな感情を持っているのか
書き出してみましょう。

ただでさえ忙しいのに、部下のトラブルも抱えたことで、手をとられたと恨みに思っている。家族に指摘され、できなかったことへの苛立ちが募っている。

●その感情を浄化させるには、どうすればいいのでしょうか。

家族には、自分を苦しめない範囲内で、用事を片付ける時期を伝える。
部下には、家の用事もできなくなるほど大変だったと自分の状況を伝える。

やる気を起こすための

ワークシート

No.3

「プレッシャー解消」編

●あなたがプレッシャーを感じたときは、
どんな行動に出ることが多いでしょうか。

●あなたは今、何に対して、プレッシャーやストレスを感じているのでしょうか。あなたの立場や人間関係、状況などを詳しく書いてください。

●その状況に対して、自分がどんな感情を持っているのか
書き出してみましょう。

●その感情を浄化させるには、どうすればいいのでしょうか。

やる気を起こすための

ワークシート

No.4

「存在意義」編

●あなたが仕事をやっていて、楽しいときはどんなときですか？

試行錯誤した製品が上手くできあがったとき。

●今までの人生のなかですごくきつかったけれど、一生懸命に取り組んで、達成感があった出来事は何ですか？

中学校のときのマラソン大会で８位に入賞したこと。

●そのとき、いったい何があったから、頑張れたのでしょうか。当時の気持ちや状況を思い出して、書き出してみてください。

頑張っているライバルがいたから、自分も体力の限界まで頑張れた。

●あなたの人生のなかで、もっともよかったことは何ですか？その理由も書いてください。

娘が生まれたこと。家族のために働くことが楽しくなり、仕事での集中力も高まった。

やる気を起こすための

ワークシート

No.4

「存在意義」編

●あなたが仕事をやっていて、楽しいときはどんなときですか？

●今までの人生のなかですごくきつかったけれど、一生懸命に取り組んで、達成感があった出来事は何ですか？

●そのとき、いったい何があったから、頑張れたのでしょうか。当時の気持ちや状況を思い出して、書き出してみてください。

●あなたの人生のなかで、もっともよかったことは何ですか？その理由も書いてください。

第4章

生きたい人生を考える
～船の最終目的地～

理想の将来の自分に近づくためには、
自分の人生の「質」を考える必要があります。
ここでは、自分がどう生きたいのかを考える
ヒントや、明確な目標の定め方を紹介します。
リアリティを持って取り組んでいけば、
「夢」は必ず実現できるのです。

自分の人生の目標の探し方

自分という船にガソリンを満タンに注ぎこみ、いざ、人生の大海原へ出てみると、海は不況という名の荒れ模様——。

こんなときこそ、自分の人生をどう生きたいのか、また、どんな「質」の人生を生きたいのかを今一度考えるべき、いい機会なのです。

どんなに波が高かろうとも、「目的地」が明確であれば、少しずつでも前進は可能です。また、途中でどんなに小さな「港」に立ち寄ろうとも、自分が最終的に行きたい場所と繋がっていれば、毎日が充実し、幸せに感じられるはずです。

そこで、**自分の人生の「目標」や、「存在意義」がなかなか見つからないという人には、「コラージュ」をおすすめしています。**

「将来の自分」をテーマにして、古雑誌やチラシ、フリーペーパー、パンフレットなどから、写真や文字を切り抜き、紙に自由に貼っていくのです。もちろん、自分の写真を貼ったり、絵や文字を描きこんだりしてもかまいません。あくまでも創作なので、規制は全くないのです。

そうして、**できあがったものを見ていくと、自分自身や、自分の個性が見えてくる**はずです。人から「将来の自分は？」「夢は？」と聞かれて、なかなかイメージできなくても、コラージュを作ると、案外それが見えてくるのです。

特に男性の場合、「言葉にするのは難しいし、ひと言では言えない」という人も多いです。でも、コラージュなら、ひと言で言い表さなくても大丈夫です。

漠然と「たくさんお金を稼ぎたい」という人にも、その人の人生はそれだけじゃなく、他にも好きなものや、大事にしたいものがあるものです。それがコラージュによって、トータル的に見えてくるのです。

精神的にも肉体的にもハードな日々を過ごしている、アスリートたちには、オフシーズンにやってもらっています。選手にも「やってみたら、すごく楽しかった」と好評なので、ぜひチャレンジしてみてください。

自分の将来の姿や夢をイメージして作るだけで、元気になれるし、「よし、やるぞ」という気持ちになるのです。

コラージュは3ヵ月ごとに更新しよう

仕上がった**コラージュは、ベッドまわりや冷蔵庫に貼ったり、額に入れて、玄関に飾っておくのもいい**でしょう。毎日、見ているだけでも、力が湧いてきます。

さらに、**3ヵ月に1回ぐらい、リニューアルすることをおすすめします。面白いことに、叶った目標は、コラージュのなかから消えていきます。リニューアルしていくことで、自分自身の成長も見えてくるのです。**

例えば、アスリートがオリンピックをめざしているときは、何度コラージュを作ってみても、内容は変わりません。

そして、オリンピックを終えて、もう一度やってみると、いきなりハワイの海辺で寝転んでいたりします。この人の場合、オリンピック前までは、神様に囲まれて、審判を待っているようなストイックな絵でした。

アスリートの場合、大きなスタジアムの写真と「ナンバーワン」という文字が貼ってあるだけのシンプルなものが多いです。

逆に、他にいろいろとあるようでは、競技に集中できていないのです。現役を引退したりすると、競技のことだけではなく、他のいろいろな要素が入ってくるようになります。

このように、**3ヵ月ごとにコラージュを更新していけば、見失いがちだった自分の「夢」や「目標」が思い出せる**のです。

コラージュ作成方法

自分の身の回りにある新聞、雑誌、パンフレット、チラシなどで気になる写真や文字を切り抜き、一枚の白い紙のなかに、ペタペタと自由に貼って行きます。すると、あなたの現在の心の状況が見えてくるはずです。

①気になる写真や文字を切り抜きます。

②白い一枚の紙に、自分の好きなように貼っていきます。

③完成。あなたの現在の心の状況がそこに表れています。

コラージュ例①

人のいない、きれいな風景の写真がいくつか貼ってあるのは、今は人間関係に少々疲れを感じていて、自然に癒されたい気分なのでしょう。また、将来の理想の自分は、広い庭のある、瀟洒な一軒家に住みたいと考えています。

コラージュ例②

食べものが盛りだくさんに貼られているので、少々欲張りなぐらい、エネルギーにあふれている人です。ブランドもののバッグや洋服、ジュエリーなどは、富の象徴でもあります。

メインディッシュの人生か幕の内弁当の人生か

これからの自分の人生を思い描くときに、ぜひ考えてみてほしいポイントがあります。**人の生き方には、大きくはふた通りあるのです。**

ひとつは、**自分にとって、一番大切なものをど真ん中に置いた人生。**好きな仕事をしている人などは、おそらくこれにあたります。この場合、**仕事が人生のメインディッシュで、他はあくまでも添えもののパセリ程度のものなのです。**

もうひとつは、**仕事もそこそこ、家庭もそこそこ、遊びもそこそこのバランス重視の幕の内弁当のような人生です。**これはこれで、生き方として立派に成立しています。

ある男性は、関西出身で大学では電子工学を専攻し、エコ技術の研究がしたいので、その研究所のあるメーカーに就職しました。彼は研修期間を終えると、すぐに東京の研究所に配属になりました。ここまでは、本人も好きなエコ技術の研究ができるということで、機嫌よく働いていました。

しかし、今はこういったご時世なので、彼の会社はエコ技術の分野から、撤退してしまいます。他メーカーに勝てない分野でもあり、二度と元に戻ることはなくなりました。ただ大企業なので、彼はクビにはならず、いくつかの技術所を転々としたあとに、子会社に出向になりました。

彼は出向先で自分のアイデンティティが見つからなかったらしく、「会社を辞めたい。やっぱり、エコ技術の研究がしたい」と言い出します。私は「それなら、エコ技術をやっている企業に自分を売りこんでみては」とアドバイスしました。

彼には妻子がいて、彼も奥さんも地元の大阪に戻りたいので、転職するなら関西に地盤がある企業がいいと言います。

そこで、とあるメーカーを転職先に挙げるのですが、彼は「給料が今の半分ぐらいになる。でも、大阪に戻れるなら、我慢したほうがいいかな」と言い出します。私は、その時点でアウトだと言いました。

この場合、「たとえ給料が半分になっても、転職先で自分の力を認めてもらうまでは、あと10年は必死に頑張ろう」という気概がないと無理なのです。

彼には、新しくキャリアチェンジしようとする人の気概が見られない。彼が勤めている会社では年末年始の休みと夏休みは2週間ずつあり、リフレッシュ休暇もある。そして年に3回もボーナスが出るのです。

ある意味で給与でも休暇でも申し分のない環境にいる人が、やりたいことのために待遇面でレベルを下げる。今の厳しい世の中ではなおのこと、覚悟がいることです。そこまでの覚悟がないのであれば、今の会社を辞めないほうがいいのです。

しかし、彼は「定年まではあと20年もある。毎日、仕事にやりがいがなくて、面白くない。これからも先が見えている」と嘆くのです。気持ちはよくわかるけど、その悩みはサラリーマンのほとんどが持っている悩みです。

だからこそ、自分がどういう人生を生きたいのか、きちんと考えるべきなのです。

まずは、自分の人生において、何がメインディッシュなのか、明確にしましょう。もし、メインディッシュがないようなら、幕の内弁当という生き方もあるのです。

とかく今という時代は、メインディッシュだと思っていたものがメインではなくなることが起こり得ます。

ステーキだと思っていたのに、牛肉の佃煮になってしまうこともある。そうすると、幕の内弁当方式で、他を充実させて、自分の人生を成立させることもできるのです。

メインディッシュ方式の人生ではなくなり、幕の内弁当の人生だと、きちんと理解できていれば、それはそれで幸せです。でも、そうじゃなくて、やはりハンバーグを選びたいという人もいます。ハンバーグであれば、メインディッシュに成り得ますから。

このように、人生にはふた通りあって、メインディッシュ方式と、幕の内弁当方式がありま す。あなたは、どちらの人生を選びますか？

30〜40代は決断の時

私が先ほどの男性に推薦したのは、幕の内弁当の人生です。

彼にはもう、メインディッシュの人生を追える力がない。恵まれた企業に勤めるうちに、言い方は悪いけれども、すっかり骨抜きにされてしまったので、幕の内弁当の人生を選んだほうがきっと幸せなのです。

幕の内弁当にも小さなメインがあり、その他にも楽しめるメニューがたくさんあります。そのメニューを充実させていけばいいのです。子どもの成長を楽しみ、そのあとは夫婦でできる趣味などを探しておけば、きっと死ぬまで楽しく暮らせるはずです。

「そう言われると、身も蓋《ふた》もないんだよ」と言うかもしれませんが、そんなことはありません。幕の内弁当には、幕の内弁当なりの幸せがあるのです。

それがいやなら、幕の内弁当をすべて捨てて、メインディッシュの人生を選べばいい。メインディッシュを追うことは、とてもやりがいがあるけれど、強烈に大変だったり、貧乏になったり、ものすごいストレスがかかったりするのです。

それでもいいという覚悟があるなら、メインディッシュを追い求めていく人生を選ぶべきなのです。

おそらく、**今の30代から40代は、メインディッシュの人生なのか、幕の内弁当の人生なのか、その狭間で揺れ動く時期です。**今の不況で、メインディッシュだと思っていたものがどんどん小さくなってしまい、ミニハンバーグになってしまったときには、誰もが自分の人生を考えてしまいます。

いい大学を出て、一流企業に勤めている男性がいます。

彼は「入社以来、いつも夜10時ごろまで働くのが当たり前だったのに、最近は5時で仕事が終わります。つまり、仕事がないのです」と言いました。彼は会社を辞めるほど、やる気が落ちているわけではないのですが、やはり少し仕事に打ちこめない感覚があって、どうすればいいのか迷っているのです。

そこで、私は「次の10年の展開を目指して、大学の同窓会などに顔を出してみてはどうですか」と提案しました。大学の同窓会には、いろいろな人がいるので、今は友達を作って、見聞を広めるのです。

今の時代は、これまでずっと成長を続けてきた人が次に成長するまでの踊り場の時期。踊り場の時期にしっかりと勉強することで、次のステージに上がっていく力にすればいいのです。

この人は、さっそく学生時代の友人に連絡して、飲みに誘うことを意識的にはじめました。

また、仕事に時間の余裕がある今こそ、海外でのメンタルトレーニングのワークショップツアーに参加することにしました。

そうやって、**自分自身と向き合い、次の「目標」や「存在意義」を見つけて、今後はどうするかを考える時期なのです。**「今は不況だから」と言い訳するのではなく、踊り場の時期だと自覚し、次の自分を模索していく。そうすれば、不況に巻きこまれてはいるものの、いい成長のサイクルになっていくのです。

今は、不況を踊り場にして次のステージに行く人や、幕の内弁当方式に切り替える人、あるいは何にも切り替えられなくて、パニックに陥っている人など、いろんなパターンがあるように思います。

目的を決められない人生の行く末

さて、自分自身と向き合わなかったら、人生はどうなっていくのでしょうか。

例えば20代のころ、「今が楽しければ、それでいい。考え過ぎるとストレスになるから、考えないほうがいいよ」と言う人はいませんでしたか。

私はその言葉を聞いて、「勇気があるな」と思いました。**何も考えずに生きていくというのは、大海のなかで行き先がわかっていない船と同じ**です。**そして、自分という船は、どこをめ**

ざしているのかわかっていないと、前にも進めず、漂ったままなのです。

何も考えていない人は、海の上で「空はこんなに青いし、かもめも飛んでいるよ」と言います。しかし、私は「嵐が来ることもあるだろうし、そのときに自分に沈まないだけの力がないと怖い」と思ったのです。

将来の自分を考えない人は、「今が晴れているからいいや。嵐が来ても何とかなるだろう」と思うのですが、一見ポジティブに見えて、全く前向きではありません。彼らは、「何とかなるよ」とよく言うのですが、実際は何ともならないのです。

「貯金なんかなくても、何とかなるよ」
「別に将来のことを考えなくても、そのときに考えればいいから」
「とりあえず、結婚はしない」

最近の若い世代に多いのは、このような行き当たりばったりの生き方です。

例えば、ものすごく働いているのに、月収は12万円。それでも、自炊をすればコンビニに行かなくてもいいのに、気づけばコンビニで何となく数万円使って、月末には家計が火の車――。

この人たちに共通しているのは、将来へのビジョンがなく、目標もないことです。今は貧乏でも、将来は脱出して、こうなっていきたいというビジョンが弱いのでしょう。

目標は小さくてもいい

「自分の目標はないです」という人も多いです。でも、目標とは、大きくないといけないわけではありません。反対に、どんな些細なことでもいいのです。

例えば、「今年の目標は、ひとりで旅行に行くことにしよう」というのもいいと思います。

よく勘違いされやすいのですが、「目標」イコール「職業」などではないのです。

毎日、自分のなかで、「プチ目標」を決めていくことが大切です。

「今日は笑顔で人と接することにしよう」

「今週は体にいいものを食べよう」

「今月は今までご無沙汰していた人に電話をかけよう」

そうやって自分で「プチ目標」を持って、人生を楽しんでいくのです。

プチ目標を達成していきながら人生の「質」を考える

逆に、大きな目標があったとしても、それが人生のすべてを網羅しているわけではないですから。例えば、私の場合、カウンセラーやメンタルトレーナーをやることで、人生のすべてを達成しているかというと、そうではありません。

だから、**不足している部分は、毎日「プチ目標」をたくさん立てることでフォローしています。それが「生き方」、つまり、「こうして生きていきたい」と思うことと、すべて繋がっていて、仕事や家庭など、毎日の自分の時間の過ごし方と一致しているから、幸せだと言えるのです。**これらがバラバラになっている人は、意外に少なくありません。

仕事に関していうなら、**「職業」ではなく、どんな「質」の仕事をしたいかなのです。**

あなたが仕事をしていて、楽しいときはどんなときですか？

例えば、人に喜んでもらったとき。お金をたくさんもらったとき。上司に認められたとき。それらがひとつの「質」です。「職業」や「会社」は、あくまで「箱」であって、「質」ではないのです。「質」を追求するために、キャリアチェンジをすることもあり得ます。

ある男性が「人の役に立ちたい」と思って、小学校の教師になりました。5年間働いたあとに、教育制度そのものに対して思うところも出てきました。次に、その人は「インフラを整えることで、人の役に立ちたい」と考え、IT企業に勤めることもあるのです。

学校の教員、IT企業の社員、そしてその後は、海外でのボランティア活動と続きます。一見、バラバラに見えても、本人としては、**「人の役に立ちたい」という「質」のところで、一本筋が通っている**のです。つまり、「質」の部分は変わっていない。

しかし、自分の求める「質」がわかっていないと、教師として、違和感を覚えながら、学校から学校へと転々とすることになってしまいます。でも、本当はそうしたいわけではないのです。

どんなお葬式にしたいかを考える

前章で、やる気が上がる「目標」「行動」「感情」「存在意義」のお話をしました。そして、その4つがそろうと強力にやる気が上がるが、心のクセ「人生のシナリオ」がズレを生じさせるともお話ししました。

実は、**自分の人生のシナリオを書き換えるときに、一番に考えるべきなのは、どんな「質」の人生を生きたいか、なのです。**自分がこんな「質」の人生を生きたいから、仕事や家族、住む場所というふうに、人生の選択が決まっていくのです。

あなたは、どんな「質」の人生を生きたいですか？　こう聞かれると、戸惑う人も多いのではないでしょうか。そこで、人生の「質」を考えるときに、いい方法をお知らせしましょう。

自分の人生の「質」を考えるにあたって、自分の「お葬式」を考えてみるのがおすすめです。

例えば、墓石には何と刻まれたいですか。どんなお葬式をしたいですか。お葬式には、誰に来てほしいですか。

どんな人に来てもらって、どんなお葬式をしてほしいか――。それは、自分の人生の総決算なのです。**お葬式という、自分の人生の最後から逆算して、どういう人生を生きたいのか、考えてみてください。**

「あなたがこの人生で成し得たいことは」

「あなたがこの人生で一緒に過ごしたい人は」

「あなたが人生のなかで一番喜びを感じる瞬間は」

このように、**まず、人生の「質」の部分を問いかけていきます。次にその人生を実現するために今、何をはじめられるのか。また、何が実現の邪魔をしていて、どんな対策を講じられるのか、よく考えること**です。

どんな人生を生きたいか考えた上で、「理想の自分」を考えてみましょう。人生の最後には、きっと「理想の自分」がいるはずです。

未来の自分から今の自分へと逆算する

よくいわれる**「セルフイメージ」とは、「今の自分」です。ただし、自分の一生を見据えて、**

最後にいる「理想の自分」から逆算して、「今の自分」が何をするかが大切なのです。どんなに小さな一歩であっても、「今の自分」を積み重ねていけば、「理想の自分」にたどり着ける――。この「今を積み重ねていけば」というところが大事なポイントになるのです。

「今の自分」から「理想の自分」への道筋が一致していることが大切です。もし、これがズレていたとしたら、いつまで経っても「理想の自分」にはたどり着けません。

未来の「理想の自分」から逆算していけば、当然「今の自分」の間違いはわかります。

先ほどの人たちはみんな、今の自分と将来の自分が繋がっていないし、逆算できていないのです。今は今、80歳は80歳で、別ものの人生になっています。

夢や理想を現実の目標へ落としこむ

確かに、80歳になったときの自分を考えている人は、なかなかいないと思います。しかし、**80歳の自分をきちんと考えることは、今の自分を考えることにもなる**のです。

80歳の自分を考えると、健康にも気をつけるようになるでしょう。また、賃貸住宅に住みたいのか、持ち家に住みたいかで、ファイナンシャル計画も変わってきます。

そんなふうに、人生のさまざまな選択が違ってくるはずです。

例えば、今、35歳の男性が「80歳のときに40億円の資産を持ちたい」と思いついたとします。このときに、「逆算」が必要になるのです。

35歳から80歳までの年表のなかで、どこでどう40億円に達するのか、考えていくのです。まずは、今の会社にずっと勤めていて、定年のときに預金総額はどれぐらいになるかを考えます。仮に、定年までに1億円の預金を持ったとして、あと39億円が足りないわけです。

次に60歳から80歳までの間に、39億円をどうやって稼ぐのか、逆算します。

ここまで考えて、40億円を「絶対に無理」と思うか、それとも「大丈夫。できる」と思うでしょうか。あくまでも、自分の思いつきの40億円から考えます。

給料が高いところに転職したり、自分で会社を興すと、当然、今より40億円に近づきます。この人が「やっぱり、年収1億は稼がなきゃ。1年で1億なら、20年で20億だから、あと20億足りないな」と考えたとします。

そこで、40億円ではなく、20億円の資産を目標にすると、「年間1億円の貯蓄をめざして、20億円なら、到達できなくはないな」という、より現実的なラインが見えてくるのです。

この「逆算」をすることがとても大事です。

私の会社では、集合研修で5年後の会社について、みんなでよく話し合います。みんなに「どんな会社にしたいですか」と聞くのです。

「じゃあ、ビルを建てたい」

「どんなビルを建てるの？」

「58階建てです」

「すごい、摩天楼なのね」

「ここで、質問です。58階建てのビルは、いくらか知っていますか」

もちろん、思いつきだから、誰も答えられません。

それでも、58階建てのビルは、いくらかにこだわります。58階建てのビルは、100億円は下らないだろうと考え、5年後に100億円を稼いでいるには、1年で20億円をプールする必要があります。そして、今の会社の売上はいくらか考えていきます。

そのときに、「目標を5年後に5階建てのビルを建てることに修正します」という意見が出ました。それなら、ずいぶんと実現に近づきます。5階建てなら、10億円あれば大丈夫なので、年間2億円を稼ぐ計算です。

「じゃあ、今は6階建てのビルだけど、どうかな？」

「狭いですよね。もう少し広いほうがいいです」

「どうしよう、それなら7階建て？」

「8階建てがいいな」

最初の58階建ては、現実味がありませんでした。

しかし、現状と同じものを建てたいかというと、そうではなく、もう少し広いほうがいい。そうなると「7階建てか、8階建てかな。8階建てなら12億円だな」という話になっていきます。実は、8階建てという中途半端な数字に、とてもリアリティがあるのです。具体的に考えていくと、どんどん現実的な目標へと落としこんでいけるのです。

本当はもっと詳しく、どこに建てるかなどのシミュレーションゲームをやりますが、今回は8階建ての12億円とします。

そして、現実問題として、みんなにもう一度、聞いてみます。この12億円をあと5年で達成しますか？　それとも、6年か7年、8年、10年以内ですか？

そうすると、「8年以内に8階建てを建てたい」という、現実的なラインが見えてきました。

これを「目標が達成できる領域に入った」といいます。

すべての目標の達成はリアリティ次第

例えば猟師の場合、どのエリアにどんな生きものが生息しているのか知っているから、獲物を捕らえられるのです。

自分の人生においても、自分が捕らえられるものの、現実味を持たないといけません。うさぎしかいないエリアに出かけているのに、「いつか大きな熊を捕ってやる」という人が現実には案外多いのです。

すべての目標の達成は、リアリティがあるかないかにかかっていると思ってください。私たちは、リアリティのない「夢」をいつか実現できると思ってしまうから、いつまで経ってもバーチャルなままで、実現できないのです。

しかし、先ほどの40億円の思いつきは、かまいません。

そこから、40億円の資産とは、何かを考えていくのです。まず、自宅の評価額はいくらなのか、現金資産はいくらなのか、株をやる予定はあるのか――。そうすると、今までは漠然としていた40億円がトータル的に見えてきます。めざすものの詳細が明らかになれば、具体的にやるべきことを考えられるのです。

今はたまたま資産を例に挙げましたが、それに付随して、「こんな生活がしたい」というライフスタイルを考えるといいですね。

「総資産40億円をめざそう」と考えて、実現できそうなラインが見えてきたら、当然、やる気が出ます。やはり、リアリティを持たないと、やる気は上がらないのです。

40億円の資産とは、こんな家があって、これぐらいの預貯金がある、というふうに内訳を考えていきます。

現金が5億円もあれば、毎年、家族で海外旅行にも行けるし、病気になっても最新の医療が受けられます。

このように**将来に対して、具体的なビジョンがあれば、80歳になったときの自分が不幸じゃない**。それが大事だと思います。

逆算表を紙に書き出そう

まずは、**どんな人生を生きたいのか、自分で紙に書き出していきましょう。その上で、将来から今へと逆算していくのです。**

自分はどんな人として生きたいのか、何を一番に大切にしているのか、何をして過ごしたいのか、どんな人と一緒にいたいのか、どんな人と出会ったのか、どんな経験をしたいのか、どんな仕事をしたいのか、何を持っているのか――。

先ほどの資産の話でいうなら、**何を持っているか考えることは、それをどう使うかということなのです。**

広い家に住みたいのか、地主になりたいのか。もしくは、子どもに財産を残したいのか、世界一周旅行に行きたいのか。お金の使い方は、人それぞれに違うはずです。

そして、そこまで考えていると、80歳で40億円も必要なのかという話にもなります。現金が5億円もあれば、この場合の望む生活ができるからです。

それでは、70歳のときの自分はどうか、とここから人生の逆算をしていきます。

そうすると、だんだんとわかってくるのは、40億円を欲しているのは、80歳の自分ではなく、今の自分なのです。

具体的にどう生きたいかを鑑《かんが》みて、目標を10億円に修正したとします。

ここからは、リアリティを作っていくのです。もし、50歳までの15年間で10億円を稼ぐなら、1年で約7千万円の収入が必要です。こうして、こと細かくシミュレーションをしていくのです。

今は資産の話になりましたが、お金だけではなく、自分にとって一番大事なものは何か、どんなふうに生きたいかという、生き方の「質」を中心に考えてください。

リアリティのある目標以外、手に入れることはできない

先日、「これからいろいろと頑張って、お金持ちになりたいんです」と言う若者がいました。

今はそういうタイプは少ないですから、「いいね、頑張ってね」と話していたら、彼は「浮世

将来の自分までの逆算表

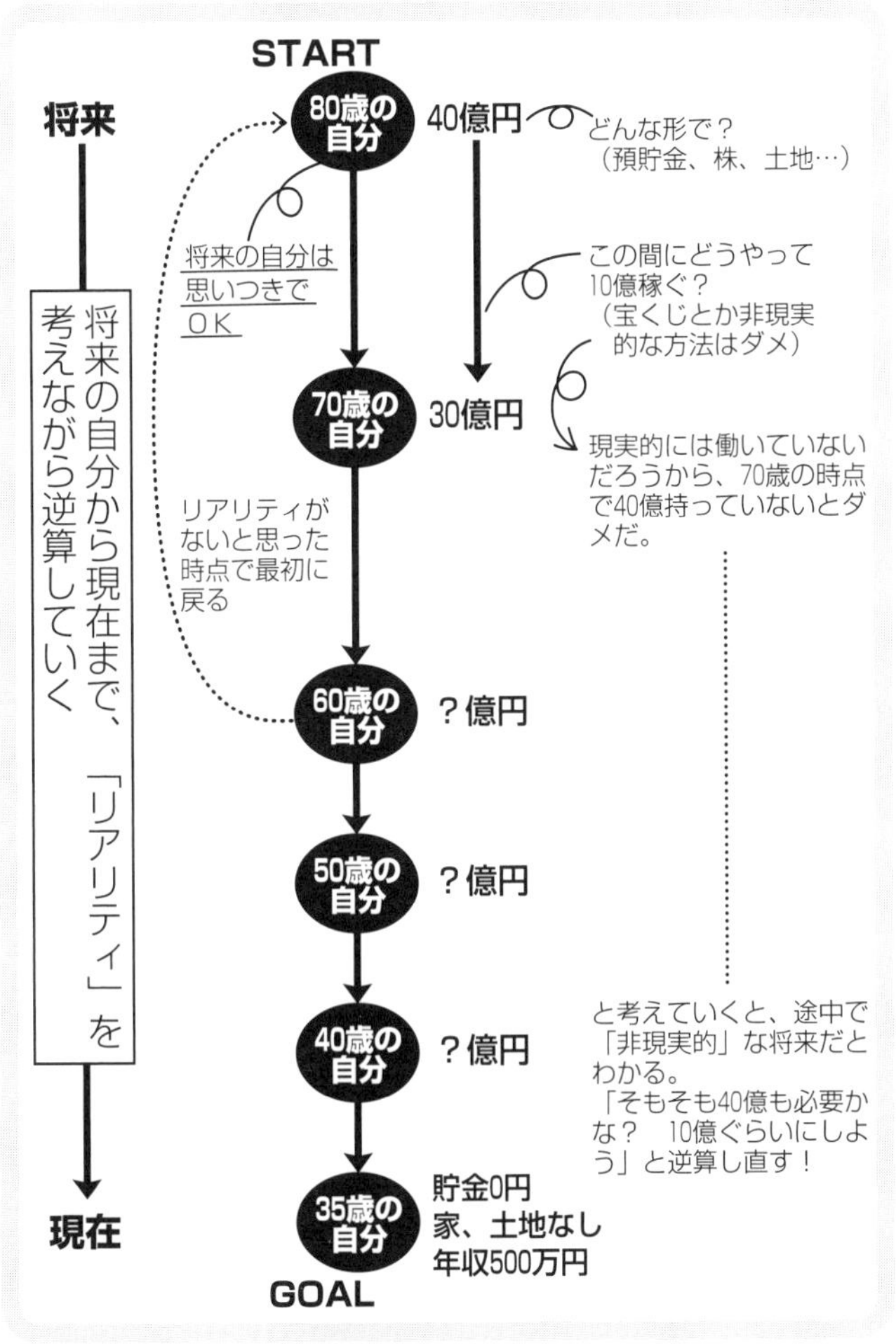
START
将来
80歳の自分
40億円
どんな形で？
（預貯金、株、土地…）
将来の自分は思いつきでＯＫ
この間にどうやって10億稼ぐ？
（宝くじとか非現実的な方法はダメ）
70歳の自分
30億円
現実的には働いていないだろうから、70歳の時点で40億持っていないとダメだ。
将来の自分から現在まで、「リアリティ」を考えながら逆算していく
リアリティがないと思った時点で最初に戻る
60歳の自分
？億円
50歳の自分
？億円
40歳の自分
？億円
と考えていくと、途中で「非現実的」な将来だとわかる。
「そもそも40億も必要かな？ 10億ぐらいにしよう」と逆算し直す！
35歳の自分
貯金0円
家、土地なし
年収500万円
現在
GOAL

先生みたいになりたい」と言い出すのです。

「私はお金持ちではないから、もしお金持ちになりたいなら、モデルは私じゃないよ」と話をしました。彼は「でも、浮世先生はレストランに入ったときに、みんなに『何でも食べていいよ』と言うじゃないですか。僕はそういうお金持ちになりたいんです」と言います。

レストランといっても、ファミリーレストランや居酒屋ですから、それならある程度の年収があれば大丈夫。たまに数名で食事に行ったときに奢《おご》ることぐらいはできます。つまり、彼が言う「お金持ち」は、後輩たちに奢ってあげられるだけの経済力なのです。

今の若い世代は、そんな感じで意外とハードルが低いです。

「目標」は、お金じゃなくてもいいのです。**この人生で自分がどんな経験をしたいのか、何を残したいのかというふうに考えていってください。そうすれば、「これならできる」と元気が湧いてくるし、やる気になれる**のです。

かつての私は「目標」があまり好きではありませんでした。何だか自分が「目標」に縛られるような気がして、堅苦しく感じていたのです。

しかし、**人は「目標」にしたもの以外は、得られません。私たちは、「ここに行こう」と思っている「目的地」以外には、行き着かない**のです。

私という船は、自分で「上陸しよう」と思わない限り、陸には絶対に上がれません。やはり、

「目標」という「目的地」がないと、延々と海の上で漂ってしまいます。そして、「目標」があれば、船が漂流することをやめられるのです。

日々の小さな行動は人生の目標に繋がっていく

私は将来の自分について、リストを作っています。朝、家族より早く起きて、食事をしながら、**自分の「こんなふうに生きたい」という「目標」を読んでから、今日のスケジュールを見るクセをつけました。そうすると、やはり、一日の集中力が全く違ってきたのです。**

私にとっては、今、この原稿を書く仕事も、単に「仕事でやらなければいけないこと」ではないのです。自分の目標を見てから、今日のスケジュールを確認すると、この本を出して、たくさんの人たちに読んでいただくことが自分の人生で叶えたい目標に繋がっていると、わかるのです。

ちなみに、今日は朝9時半から夜11時まで、スケジュールが詰まっています。普通なら、そんなスケジュールを見ると、「こんなに仕事をしなきゃいけないの」と気分が落ちるかもしれません。

でも、どの仕事も自分の「目標」に繋がっていて、将来の自分のための大切な時間なのです。

もちろん、今日の自分のなかのプチ目標も決めています。

「今日はたくさんの人と会うので、笑顔を忘れずに集中して仕事をしよう」

そうやって、プチ目標を思い出しながら、会社に行くようにするのです。「昨日も今日も夜遅くて、もう疲れたな」というところからスタートしていたのが、やる気が全く違います。

毎日、「こんな自分になりたい」という目標を見て、「理想の自分」に「今日の自分」が近づいていることがわかれば、ひとつひとつの仕事がとても楽しくなっていきます。

もちろん、やっていることは変わりありませんが、「仕事だから、やらなければ」と思わなくなります。こうして、**日々の小さな行動が将来の「目標」に繋がっていると自覚すると、人生に対するパワフルさが全く違ってくる**のです。

ちなみに、20代のときは30代、30代のときは40代と、10年先であれば、「自分はこうしたい」というビジョンを持っている人はいます。しかし、だいたいその先は、自分の人生としてカウントされていないのです。

自分の時間を散漫に使っても何も成し得ない

意外に知られていないのですが、**40歳を超えると、10年ごとに10%ずつパフォーマンスが落**

ちていきます。ですから、40歳のときの自分と比べると、80歳の自分ができることは半分ぐらい。20代や30代のときのエネルギーは、80歳までそのまま続くわけではないのです。

そう考えて逆算すると、**人生は本当に有限で、費やせる時間やエネルギーにも限りがあります。**無駄なことに時間を使っていられないのがよくわかるはずです。自分の時間を散漫に使っていると、結局は何も成し得ないのです。

ですから、今の20～30代の人たちに気づいてほしいのは、そういう現実をきちんと受け止めた上で、どれだけ毎日を幸せに過ごせるかだと思うのです。

やはり、行き先が決まらない船は漂流し、自分の行きたくなかったところに流れ着きます。もしくは、いつまで経っても、どこにもたどり着けず、悩ましい日々を送ることになりかねません。だからこそ、自分で自分の行き先をきちんと考える必要があるのです。

そして、**誰からも何からも縛られることなく、自分が自分の人生の最高の船長になることを決めてください。**自分の人生を船長不在の船の末路のようにしてはいけないのです。

自分が船長であれば、船が絶対に沈まないように、行き先を決め、地図を広げて、羅針盤を確認しながら、人生の大海原を駆け抜けていけるはずです。

また、**そうすることが今までなかなか「目標」が達成できなかった自分の人生のシナリオを書き換えることにもなる**のです。

やる気を起こすための

ワークシート

No.5

「人生の質」編

●あなたのお墓の墓標には、何と書かれているでしょうか。
「○○な人、ここに眠る」など、当てはまる言葉を
考えてみてください。

●あなたは、どんな人と一緒にいましたか。

●あなたのお葬式には、どんな人が来てほしいですか。

●どんなお葬式をしてほしいですか。

●あなたは、この人生でどんな功績を残したのでしょうか。

●あなたは、何を持っている人なのでしょうか。

●あなたは、この人生でどんな経験をしてきたのでしょうか。

●あなたがこの人生で一番大事にしていることは何でしょうか。

●あなたがこの人生で一番喜びを感じる瞬間とはいつでしょうか。

●あなたは、この人生のなかで何を残したいのでしょうか。

やる気を起こすための

ワークシート

No.6

「人生シナリオ」編

●どんな人生を送りたいのか、自分の人生のシナリオを自由に書き換えてみましょう。

●その人生を実現させるために今、何をはじめられますか。

●その人生を実現するには、何が邪魔をしていますか。

●邪魔なものに対して、あなたが自分で講じられる対策はありますか。

第5章

タイプ別 やる気の育て方

ここでは、目標を達成できない、代表的な
6タイプを紹介します。自分と似たタイプはないか
確認してみてください。私たちのやる気の継続を
狂わせる「人生のシナリオ」を見直して、失敗や
挫折の連鎖から抜け出し、成功を掴み取りましょう。

やる気を失わせる人生のシナリオの6タイプ

これまで紹介した方法を実践していくなかで、自分という船に、やる気という名のガソリンを常に注ぎこんできました。そして、船長として、船をしっかり操縦するべく、舵を取られたのではないかと思います。

いよいよ、「目的地」に到着するのも間近。人生の大海原を順調に航海しているつもりが、いつまで経っても、「目的地」に着く気配がない。どうやら長い航海の間に、航路に狂いが生じているようですが、原因はわからず、焦りだけが高じていく――。

前にも触れたように、**やる気が寸分の狂いもなく、一度に上がるのは、まれなことです。また、すんなりと目標を達成できる人も、ほんのひと握りです。**

多くの人たちは、**これまでの経験によって書かれた、自分の人生のシナリオの影響により、行く先を左右されている**のです。

もしかすると、あなたの人生の負のシナリオが船の羅針盤を狂わせているのかもしれません。

ここでは、人生の目標を達成できていない代表的な6タイプを取り上げて、対策をお知らせしていきたいと思います。

これらはひとつだけでなく、複合して当てはまる場合もあるので、少しでも心当たりがある場合は、参考にしてみてください。

まず、6タイプの傾向を分類するときに、自分自身を認めている「自己肯定感」という縦軸と、「チャレンジする気持ち」という横軸があります（次ページの図参照）。

図の縦軸は矢印の方向に行くほど「自己肯定感」が、高い人たちで、矢印と反対方向は低い人たちです。また、横軸は矢印の方向に行くほどチャレンジすることに積極的な人たちで、逆方向は、現状を守り続ける保守的な人たちです。

あなたは、この表のなかで、どこに位置しているでしょうか。ぜひ、自分自身と照らし合わせてみてください。

このなかで**目標を達成できるのは、「自己肯定感」が高く、「チャレンジする気持ち」が強い人**です。

そう考えると、自分に今、足りないものは何かが見えてくるのではないでしょうか。また、どちらに向かって、歩を進めていけばいいのか、わかるはずです。

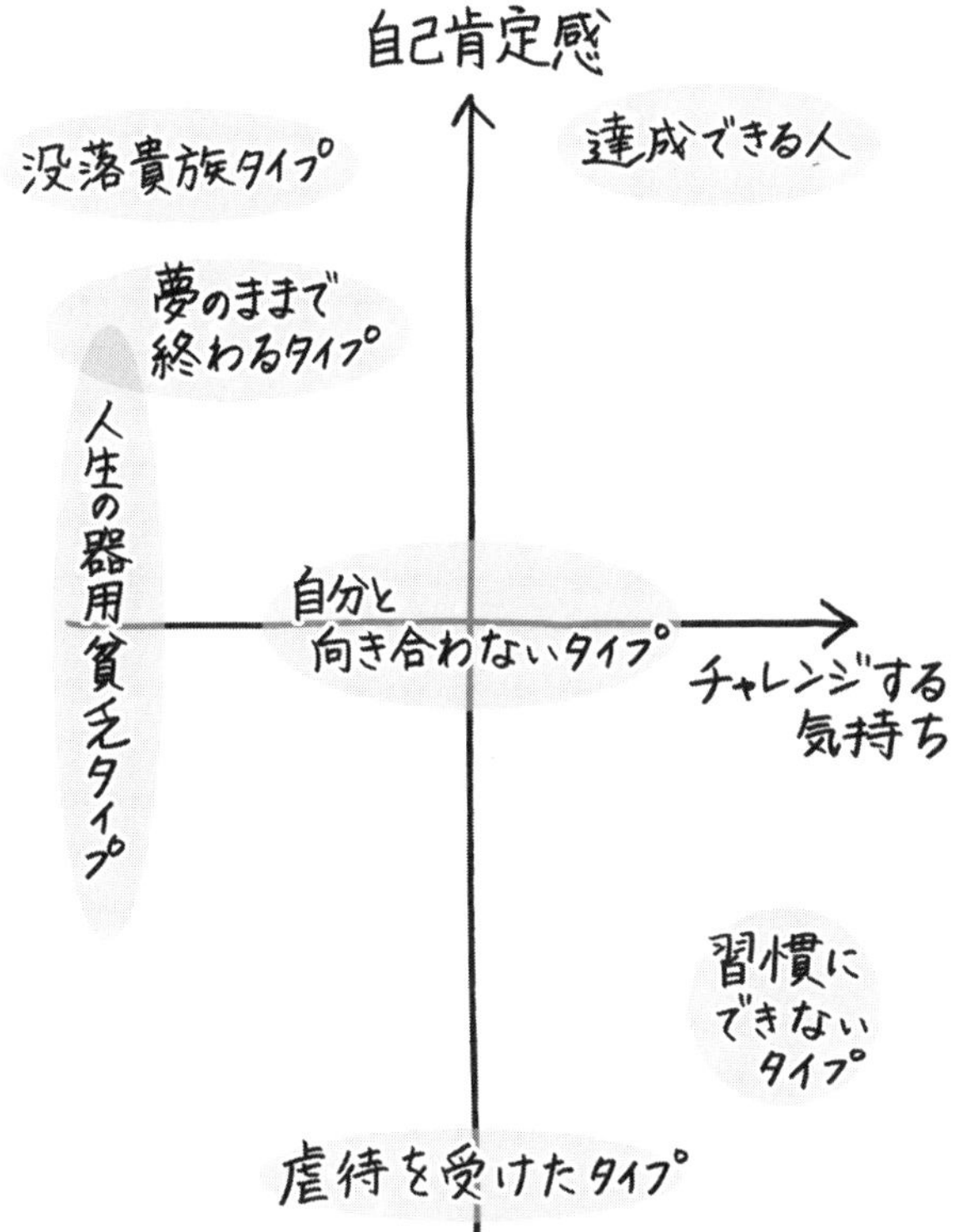
自己肯定感
没落貴族タイプ
達成できる人
夢のままで終わるタイプ
人生の器用貧乏タイプ
自分と向き合わないタイプ
チャレンジする気持ち
習慣にできないタイプ
虐待を受けたタイプ

自分の人生の目標を達成できない、典型的な例を次の6タイプに分けました。

1. 没落貴族タイプ
2. 虐待を受けたタイプ
3. 自分と向き合わないタイプ
4. 夢のままで終わるタイプ
5. 人生の器用貧乏タイプ
6. 習慣にできないタイプ

1. 没落貴族タイプ

このタイプは、かつては花形産業、企業、職業といわれたところに就いていた人が多いのが特徴です。

それらが時代の流れとともに傾いてしまったにもかかわらず、かつての栄光が忘れられずにそのときの習慣や環境に固執してしまうのです。

貴族の時代が終わったのに、貴族という立場に執着し、自分自身を変えられずに没落していった人たちと、本質は同じです。

人生のシナリオは、時代の変化とともに、臨機応変に書き換える必要があります。

特に右肩上がりだった**前の時代が完全に終わった今こそ、新しい時代に応じて、自分の人生のシナリオを書き換えるべき**なのです。

しかし、前の時代の栄光の残像に惑わされ、人生のシナリオを新しく書き換えられていない人は少なくありません。

没落貴族タイプの人たちは、先ほどの図のなかでは、どの位置にいるのでしょうか。

この人たちは、自信や自負はそれなりにあるので、自己肯定感は高いはずです。その反面、新しいことにチャレンジできず、新たな環境に馴染めないところがあります。

つまり、このタイプは、**チャレンジする気持ちに欠けている点が目標の達成を阻んでいるのです。**

そこで、自分ならどのようなチャレンジができるか、考えていきましょう。

例えば、新しい職場に馴染めないようなら、自分にはどんなことができるか、こと細かく考えていくのです。

知識や常識をリセットする

まずは、新しい知識を吸収するのもひとつの手です。また、**自分の「価値観」や、毎日の「習慣」を意識的に変えていきましょう。**この「意識する」ことはとても大切で、意識できていないと、本人にはきつく感じられるのです。

このときに「これは常識」「これは当たり前」などとは、決して言わないようにします。なぜなら、今の自分の「常識」は、総じて前の時代や職場の「常識」に捉われているからです。何かあったときには、周りの人に「教えてください」「一緒に考えていきましょう」と言うようにしてください。

ほかにも、自分に何が変えられるかだけでなく、どのように新しい環境に馴染んでいくのか、きちんと考えます。相手の気持ちになって、自分に何を望まれているのか想像するのです。

私の会社には、60歳の男性新入社員がいます。彼は、スタッフルームでみんなが飼っているセキセイインコと遊ぶことがあります。おそらく、彼は動物が好きなのでしょう。しかし、会社でインコと遊びたいかというと、それはまた別の話です。

彼はインコと遊ぶ姿を見せることで、若いスタッフが話しかけやすい雰囲気を、ひいては周りとコミュニケーションできるきっかけを作っているのです。

これは、とても大人な行動だと思います。

ここで、「インコと遊ぶなんて、馬鹿馬鹿しくてできない」と思ってしまったら、いつまで経っても、周りと馴染めないかもしれません。

意外に、コミュニケーションが苦手だと思う人のほうが努力するので、上手くいくことが多いです。逆にコミュニケーションが上手いと思っている人は、口が立つので、説教くさくなりがちです。

周囲と馴染むためにコミュニケーションをとるには、人の話をよく聞くことが大切だと心得てください。**相手が何を求めているのか、自分に何を望まれているのか、しっかりと聞くのです。**特に1のタイプの場合、人の話を聞かない傾向が多分にあるので、注意してください。

ある一定の年齢になると、好きな食べものや、行きつけの店など、あらゆる好みや生活パターンが決まってきます。しかし、それを変えることに喜びを見出すことが大事なのです。

街でよく見かける、ケンタッキーフライドチキンのカーネル・サンダースの像は、おじいさんの姿をしています。

彼がどうしておじいさんなのかというと、フライドチキンのオリジナル・レシピを作り、フランチャイズビジネスを始めたのが65歳のときだったからです。

彼は前身となる小さなレストランを開くまでに、40種類以上もの仕事を経験し、挫折を繰り返しながらも、73歳のときには、600ものチェーン店を展開するまでに至りました。だから、不屈のチャレンジ精神の持ち主なのです。

年齢や時代のせいにして、夢や目標をあきらめるのではなく、カーネル・サンダースのように、いつであっても奮起してほしいのです。街角でカーネル・サンダースの像を見かけたら、「お前には負けないぞ」と思って、頑張ってほしいですね。

新たなチャレンジをすることは当然、リスクを負うことでもあります。それをわかった上でチャレンジしていくことが大切です。反対に、自分でリスクを負う覚悟がないと、自分に主体がありませんから、どんなことをやっていても楽しくないのです。

前の時代や職場での成功は、一旦、横に置いておきましょう。そして、**自分でチャレンジできることを探し、自分自身を変えることを楽しんでいく——。**そうすれば、1のタイプの人たちは、目標を達成できるはずです。

2. 虐待を受けたタイプ

この人たちは、**子供のころに家庭内で虐待を受けたり、職場で不当な扱いを受けてきたため**

に、達成感や自己肯定感が全く得られていません。

彼らに話を聞くと、よく「普通の暮らしがしたい」と言います。

誰かに「頑張れ」と励まされると、「僕はもう、頑張れない」。仕事などを任されると、「私に務まりますか」と言うのです。これはもう、虐待を受けてきた人たちならではの言葉です。

この人たちが図のなかでどこに位置しているかというと、当然、自己肯定感はものすごく低いです。さらに、チャレンジすることに対しては、よくわかっていません。

もし、自己肯定感が低くても、チャレンジする気持ちがあるなら、非常につらい状況であっても、それを振り払い、「負けるものか」とある意味で逆ギレすることで、上へと上がっていけます。貧乏という逆境をバネにする人などがそれです。

反対に、貧乏に慣れてしまう人や、つらい状況なのにそこでじっと耐えてしまう人がいます。この場合、どんなにひどい状況であっても、自分が虐げられているという事実がわかっていないのです。

例えば、会社に必要な研修も受けさせてもらえず、不当な待遇をされてきても、本人は全く怒っていません。

要するに、このタイプの場合、**自分が受けてきたひどい扱いに対し、正しく怒っていないことが問題なのです。実は、人間は正当な怒りを持たないと、本当にだめになっていきます。**

正しい怒りは大きなプラスのパワーを生み出す

怒りとはある種、振り切れた状態ですから、人間に何でもできる、ものすごい力を与えてくれます。振り切れた怒りの力を使うと、人生は大幅に変わるのです。

例えば、正しく怒れば、「自分には絶対無理」と思っていたことが実現できます。

この間、アテネオリンピックの男子体操団体で金メダルを獲った米田功さんに、なぜオリンピックで金メダルを獲ろうと思うに至ったのか、聞いてみました。

普段の彼は、とても穏やかな人なので、怒ったところは全く想像できません。しかし、自分の犯したミスに対しては、静かにものすごく怒っているのです。

彼は、アテネの前のシドニーオリンピックに出場することができませんでした。彼は落選した自分に対して、ものすごく頭にきて、「絶対にオリンピックに行く。でも、オリンピックに出るだけではだめだ。絶対に金メダルを獲ってやる」と心に決めたそうです。

彼はキャプテンとして、選手たちと力を合わせて、みんなの気持ちをひとつにして、金メダルを獲ることに努めました。それが日本にとっては、28年ぶりの奇跡の金メダル獲得に繋がったのです。ひとりの人間の怒りが振り切れると、ものすごい力を生み出すことがよくわかります。

正しく怒るというのは、こういうことです。このときに**正当に怒らないと、「しょうがないな」**

がやがて「どうでもいいよ」になっていくのです。

アスリートのなかでも、怒らない人や、悔しがらない人は、総じて勝負に弱いです。自分が負けたときの怒りや悔しさが足りないのです。

残念ながら、今の若い世代は、怒りを上手に表すことができません。

怒りにはものすごいパワーがありますから、人を傷つけることに使ってはいけないのです。逆に、**怒りをプラスに転化すれば、自分の人生を一気に変えるパワーにできる**ことを覚えておいてください。

カウンセリングをしていても、虐待を受けてきたタイプは、人生に絶望しているし、もう生きていたくないし、無気力です。

無気力な人たちを生きる気持ちにさせるには、実は怒りしかありません。愛情は、二の次なのです。生きていてもしようがないと感じる人に、「せっかく生んでくれた親の愛情を思い出して」と言う人がいます。

しかし、その愛情を感じられるようであれば、死にたいとは思わないのです。神経が完全に麻痺してしまって、人からの愛情も自分の人生もどうでもいいと思っているから、死にたいのです。

こんなとき、怒りや悔しさが生きる気持ちを取り戻してくれます。

虐待を受けてきた人に「こんな死に方をして、悔しくはないの」と言うと、「ああ、そうだ。悔しい」と言います。

「あと半年でもいいから、生きて、やりたいことをやってから死んだら」と言うと、「それもそうですね」と応じます。それから「じゃあ、何をやりたいの」と話し合っていくのです。最初に怒ることによって、生きる気持ちを持ってくれるのです。

虐待を受けたタイプは、優しくて弱いので、怒ることができなかった人たちです。このタイプに「やる気を上げて、頑張ろう」と言っても、「もう頑張れません。僕を追いこまないでください」と言うはずです。そこで、正しい怒りの力が必要になるのです。

怒りには、何ものも飛び越えていけるパワーがあります。自分を苦しめている不当な扱いに気づき、正しく怒ることで、自分の人生を変えるパワーにしましょう。

3. 自分と向き合わないタイプ

これまで何も考えてこなかったし、自分自身と向かい合ってこなかった人たちです。残念ながら、このタイプは、人生がすべてにおいて、行き当たりばったりです。

例えば、これまで自分の将来を考えてこなかったために、40代半ばで派遣切りに遭う人もこのタイプに当てはまります。

ある程度の年齢を経ていて、派遣という不安定な立場であるにもかかわらず、資格や特技はありません。自分に投資したことがなかったり、勉強してきたことがないのです。

この場合、自己肯定感は、高いわけでも低いわけでもなく、ふわふわと浮遊しています。チャレンジする気持ちはどうかというと、「チャレンジしない」と決めているのではなく、チャレンジしたことがないのです。

このタイプは、当然ながら、自分自身と向かい合うことが大前提になります。**自分自身と向き合い、自分の将来を考えることで、希望や目標を見出していくのです。**

自分自身と向き合わなければ、人はどうなっていくのでしょうか。

以前、最悪の形で自分自身と向き合ったと思われる男が、お店にガソリンを撒いて火をかけ、多くの人を殺傷する事件を引き起こしました。

おそらく、犯人の男は、自分自身と向き合わずに、これまでの人生を漠然と過ごし、職場を転々としてきたのではないかと思います。

犯人の場合、勤めていた会社からの給料が未払いになり、借金が300万円になりました。また、離婚をして、家族を失っています。とはいっても、人生はいくらでもやり直しがきくし、借金も返すことができるのです。

闇金融に何千万円も借金をして、暴力団に追われているような人が意外としぶとく生きているのに、犯人は300万円で人生に絶望しているのです。

今の現実だけを見て、もうだめだと思いこむのは、やめにしましょう。

たとえ、**今がどんなにつらい状況でも、将来、どう過ごしたいのか、どんな自分になりたいのかを考えて、絶対に忘れないようにするのです。**

自分と向き合うためにコラージュを作る

そして、「将来の理想の自分」をテーマにした、コラージュを作ることをおすすめします。

コラージュは、自分の頭のなかにある、最高の自分を見せてくれるのです。

どんな人であっても、コラージュのなかには、人殺しをして刑務所で一生を過ごす自分の姿は出てきません。ということは、どんな人の頭のなかにも、そんな将来はないはずなのです。

犯人が頭のなかにないはずの行動を起こしてしまったのは、将来の自分の姿を思い描けていなかったからにほかなりません。

自分自身と向き合わないから、当然、理想の自分も目標も見えてこないし、毎日を惰性《だせい》で何となく生きることになります。

「仕事を失って暇だし、借金もある。自分の人生は最悪だ」

こうして、自暴自棄になって、放火殺人を起こし、人生が取り返しのつかないことになるのです。

もしも、犯人にコラージュを作らせていたとしたら、自分の子どもの写真が貼ってあったかもしれません。

また、将来は勤めていた会社を独立する夢があったかもしれないし、再婚してもう一度、家族を持ちたいと考えたかもしれない。そういった将来の自分の姿が思い描けていたら、自暴自棄な行動はできないのです。

犯人のように、普段から自分自身と向き合わなければ、現実と向かい合った途端、自分の人生を受け入れられなくなる可能性があります。それが自分自身と向き合わなかったことの怖さなのです。

まずは、**自分自身と向き合い、将来の自分について、よく考えましょう。**

理想の自分の姿が思い描ければ、理想に近づくための毎日の目標も無理なく思いつきます。時間をいたずらに浪費することもなくなり、**行き当たりばったりの先々の見えない人生から、卒業できるのです。**

コラージュは、20代、30代の若い人たちだけでなく、40代以上の人にも、ぜひ取り組んでほしいのです。今は長寿の時代なので、50代、60代だから、もう遅い、ということはありません。年齢は一切関係なく、いつからでも作っていいのです。

そして、人生の選択肢が無数にある、豊かな日本に生きていることを今一度、感じてみてください。

4. 夢のままで終わるタイプ

この場合、夢や目標に対して、自分ではいつかできるつもりになっているけれど、実際には何も達成できていない人たちをさします。

このタイプは、インテリジェンス層に多いのですが、**基本的には前向きで、新しいことにどんどんチャレンジするものの、何ひとつものにはならず、結果を出せないでいるのです。**

習いごとや、スクールに通うことは好き。でも、プロになるつもりが、実際にはなれていないというタイプです。

例えば、うちの社会人スクールには、カウンセラーになりたい人たちがたくさん入ってきます。しかし、本人が「私は何となく、カウンセラーになりたいんです」と言うようでは、絶対になれません。

なぜなら、自分の思いをきちんと言葉にできないようでは、カウンセラーとしては致命傷になるからです。

そこで、授業のなかでは、自分はどう思うのか、ディスカッションをよくしています。誰しもいきなりは自分の気持ちを表現できませんから、ディスカッションを繰り返すことで、練習するのです。

ディスカッションのあと、ある生徒のアンケートには、こう書いてありました。

「私は人と意見を交換するのがとても苦手です。こんなことをやらないと、カウンセラーになれないなら、私はなりたくありません」

この場合、自分を傷つかないようにコーティングし、安全な場所に置いておいて、知識や資格だけを取りこみたいのです。

しかし、プロになれるか否かの違いは、知識の習得うんぬんではなく、「あり方」の問題なのです。

プロとしての「あり方」を形成していくには、ときには先生からの厳しいフィードバックも受けなければいけないし、自分のできなさ加減や、現実とも向き合わなければなりません。

先ほどの生徒の場合、自分自身は変わりたくないけれど、他人をコントロールする知識は欲しいのです。

そして、自分自身を変えたり、成長させていく喜びを知らないのでしょう。本来、自分をよりよく変えていくことは、気持ちのいい作業です。

自分の人生のシナリオをきちんと見直して、自分が捉われていたものに気づくと、人生を変えることができます。しかし、その正体を見たくないという人たちは、意外にたくさんいるのです。

4のタイプは、決して自己肯定感が低いわけではありません。しかし、新しくチャレンジすることに対して、目は向けているものの、怖さがあるので、踏みこめていないのです。つまり、**チャレンジする気持ちが足りないので、強化していく必要があるのです。**

将来の自分に対しても、イメージが全くないわけではありません。しかし、**コラージュを作って喜んでいるだけで、夢が夢のままで終わってしまっている**のです。

理想の将来の自分と、今の自分を繋げていくには、当然、行動が必要です。自分の目的地が決まっていても、行動に移さないことには近づくことができません。

本人としては「いつかできる」と思っていても、**目標に繋がる行動を積み重ねない限りは、いつまで経っても、バーチャルなままで、目標が達成できないのです。**

そして、ほとんどの「夢」は、自分がやるべき行動の想像がつくはずです。もし、自分でわからない場合は、わかる人に聞けばいいのです。そういったトライとエラーの繰り返しが大切なのです。

バーチャルななかで「いつかできる」と叶った気になっていないで、行動に移して、現実ときちんと向き合い、リアリティを持っていく――。リアリティがある目標に向かっているときは、リアリティがなかったときよりも、はるかに楽しいはずです。

プチ目標の設定と達成を繰り返す

4のタイプは、チャレンジできていないことが問題ですから、**「達成感」を得ていくことで、「チャレンジする気持ち」を養います。**

まずは、自分で達成できる目標を作り、とにかく1ヵ月間続けてみましょう。目標とは、大きくなくてかまいません。どんな些細なことでもいいし、毎日5分だけでもいいから、自分でできるプチ目標を設定し、達成するようにします。

例えば、英会話をマスターしたいと考えている人なら、書店で教材を買ってきて、1日1ページずつでもいいから、1ヵ月間続けるようにするのです。

このとき、**大切になってくるのは、目標を達成すること。どんなにささやかな目標であっても、達成できれば、「達成感」が得られます。**

また、そのうちに「達成感」を得ることが習慣にもなります。さらに、小さな達成感がコンスタントに得られるようになると、大きな達成感も得られ、やがては大きな目標にチャレンジできるようになるのです。

もしも、1ヵ月続けるつもりのプチ目標を半月でやめてしまった場合、どうすればいいのでしょうか。

答えは、またすぐに思い出して、再開すればいいのです。例え、**三日坊主になってしまっても、やめずにもう一度やってみること**です。

三日坊主も3日ごとに気づきさえすれば、1年の半分は実践できていることになります。そうすると、当然、習慣化も可能になります。だから、「三日坊主の連続」は、おすすめです。

目標が半ばで途切れてしまったときは、そのままやめるのではなく、もう一度はじめてみてください。**日々の生活のなかで、達成感を得て、チャレンジする気持ちを育てれば、目標が達成できる自分になっていけるはずです。**

5．人生の器用貧乏タイプ

このタイプの人は、基本的に前向きでアクティブです。頭の回転が早く、語学も堪能だったり、資格も持っていたりします。

コミュニケーション能力が高いので、友達や趣味の仲間も多いし、職場でも楽しくやっています。**それなりに器用なので、何でもすぐにできるのです。本人も自分を「器用」で「マイペース」だと思っています。**

しかし、**根本的には本人に自信がないので、何者にもなっていないし、何になりたいのかもよくわからないのです。**

例えば、「自分で会社をやってみたら」と言うと、本人は「そんなの無理、無理」と言います。目先のことは器用でも、人生にはものすごく不器用なのです。頭もいいし、いろんなことができるのに、何も成し得ません。

本人は「自分は器用で何でもすぐにできるから、あきてしまうし、同じことはしたくない」と言います。

反対に、ひとつのことを成し遂げていく人は、不器用であっても、やめずに粘ったり、耐えたりします。このタイプは、そこが根本的に欠けていて、人生の目標が持てない、もしくは達成できていないのです。

人生の器用貧乏タイプは、自己肯定感がものすごく高いときと、ものすごく低いときの両方を持ち合わせています。

自己肯定感が高いときは、プライドが高いのですが、自己肯定感が低いときは、全く自信がありません。その落差を行ったり来たりしている状態なので、当然バランスが悪く、精神的に不安定なのです。

頭のとてもいい女性が自分の部下の仕事の集計表を作って、管理しています。そして、その表を作るために、2時間ぐらいかかっているのです。しかし、それはノートに書いて、チェックしていけば、10分で終わる作業です。

彼女の仕事ぶりは、まるで、薬の調合を見ているようです。頭がいいので、壁一面の薬棚を持っていますが、どれにしようか迷うので、膨大な時間がかかるのです。

何でもできるのに、精神的に不安定な人によくありがちなのは、できることはたくさんあるのに、今ある状況を見極められず、結局はバランスを欠いてしまったり、無駄が多くなることです。しかし、仕事はバランスですから、決められた時間内に、最良の結果を出さなければいけません。

人生の3年計画を作る

人生の器用貧乏タイプは、**自己肯定感がとても不安定なので、自分を安定させる環境や人生**

の計画を作ることが大事です。

まずは、**これからの自分の3年計画を作ってみましょう。35歳以上の人なら、10年計画を作ってみるのです。**

このタイプは、何でもできるぶん、「きっと何とかなるよ」「友達に頼まれたから、引き受けた」と、自分の人生を自分で選ぶことなく、場当たり的に作っているところがあります。しかし、それでは最善の人生の選択ではありません。

そこで、最もいい人生の選択をするために、おおまかな自分の年表を作っておくのです。そうすれば、一時の感情の不安定さや、周りの人に左右されて、適当な選択をすることもなくなります。

また、このタイプは、その時々の好きなことばかりやるので、バランスを欠いている傾向があります。逆に自分の苦手なことや、好きじゃないことをやってみて、バランスをとるようにするのです。

例えば、数字が苦手な人なら、家計簿をつけてみるのもいいでしょう。

5のタイプは、能力はあるし、マニアックにものごとに取り組む気持ちよさも知っています。こうして、**自分の弱いところを強化していけば、バランスのいい見極めができるようになるのです。**

今の自分に足りないところを補っていくことで、自分自身が安定し、よりよい人生の選択ができるようになるはずです。

6. 習慣にできないタイプ

目標には、年中チャレンジしているけれど、習慣にならないために、途中で挫折してしまう人たちをさします。

雑誌のダイエット特集は必ず買っていて、ダイエットには年中挑戦している。しかし、はじめたダイエット方法が習慣にできなくて、結果的にはやせられない――。

つまり、ダイエット失敗の常習者は、このタイプに当てはまります。英会話のレッスンが長続きしないなど、日常の行動が習慣化する前にやめてしまう場合もそうです。

このタイプの場合、「チャレンジする気持ち」は、高いです。その反面、「自己肯定感」がとても低いのです。

目標に取り組みながらも、本人は心のどこかで「私にはできない」「どうせ無理だから」と思っているため、上手くいかなくなってしまうのです。

自分をほめて自己肯定感を強化する

そこで、「自己肯定感」を得ることが必要になります。

「自己肯定感」を得るには、毎日、自分で達成できる小さな目標を立てて、一日の終わりには、達成できたことに対して、自分自身を「よくやった！」と承認していくのです。

手帳に書いたプチ目標が達成できたら、花丸をつけるのもいいし、カレンダーに○をつけていってもかまいません。

自分の頑張りがひと目見て、わかるようにするのです。こうして、**日々のプチ目標の達成を認めていくことで、「自己肯定感」を強化していく**のです。

また、ダイエットを習慣化したいなら、最初は3日間、3週間、3ヵ月間というように、継続期間を延ばしていきます。このときはまた、「三日坊主の連続」をしてもいいのです。

大切なことは、一旦途切れてもそのままやめずに、また再開することです。そして、3ヵ月間できるようになったら、ダイエットは習慣化し、結果も出てくるはずです。

ほかには、**今やっていることの組み換えを行うことで、ダイエットを続けられる工夫をする**のです。

例えば、コーヒーにミルクを入れていた人なら、ミルクを豆乳や低脂肪乳に変えるだけでも、カロリーは軽減できます。

目標を達成するためのシステム作りや工夫を徹底するのです。

習慣にできないタイプは、「自己肯定感」を自分で育てながら、習慣化するために90日間続けるようにすると、必ず目標が達成できるようになります。

終わりに

これまでの人生のなかで、目標が達成できずに落ちこんだ経験がある人は、少なくないのではないでしょうか。

私たちは、夢や目標を実現させるまでに、たくさんのトライと、たくさんのエラーを繰り返しています。そして、この**エラーを教材にして、何を学ぶかが大切**です。残念ながら、エラーから学ばない人は、成功を掴めないのです。

なぜなら、失敗を繰り返す**多くの人は、同じエラーを繰り返していて、違う種類のエラーに移行していかないからです。**

そこで、**エラーを起こしたときは、自分でよくなかったところを振り返り、どうすれば、次は同じエラーを起こさないか、よく考える**のです。このとき、ただ落ちこむだけでは、改善できないので、注意が必要です。

私は目標について、**「100回、トライしてだめだったら、あきらめたら」**と言っています。ただし、100回のエラーは、すべて違う種類のエラーでないといけません。それぞれの失敗の原因を探り、それを修正してトライを繰り返すのです。

すると実際には、**100回も違うエラーを出す前に、成功できているのです。私たちは、失**

敗から学ぶ姿勢さえあれば、必ず目標を達成していけるのです。

まずは、この人生のなかで、自分はどう生きたいのか、どんな人になりたいのか、考えていきましょう。自分の内側から湧き上がる、自然な欲求と向き合うことが大切です。このとき、自分の欲求がどんなに強くても、たくさんあっても、かまいません。

そこから自分の欲求を叶えるために、自分自身をもっといい状態にコントロールすることは、とても気持ちがいいものです。

つまり、欲求をよりリアリティのある目標として設定できたとき、そこに向けてやる気が上がり、行動に移せたとき、とても心が充実するのです

パワーを持っている人ほど、クセがあるものです。本書でお伝えした「人生のシナリオ」のことです。クセを悪者と捉えずに、自分が幸せに生きるために、人生のシナリオを書き換えていけばいいのです。

よく「自分の身の丈に合ったことを」と言う人がいますが、それは人に言われたり、決められるものではありません。チャレンジしながら、自分で感じていけばいいのです。

例えば、チャレンジしていく上で、自分が本当にやりたいことは教師ではないと感じたら、

キャリアチェンジしていくのもありです。

可能性をほかに見出したり、自分を模索したり、探求していくことにも価値があるのです。

そして、自分の内側からの欲求に従い、チャレンジしていくことは、自分のやる気を常に上げてくれるし、今の自分の身の丈を軽く超えていけるのです。

そうすることがひいては、自分や今の日本をも元気づけてくれるはずです。

二〇一〇年三月

浮世満理子

著者プロフィール
浮世満理子（うきよ・まりこ）

大阪府出身。カリフォルニアのエサレン心理研究所で心理学を学んだ後、ニューヨークで心理カウンセラー、セラピスト、ドクターなどと幅広いネットワークを形成、帰国後は、「カウンセリングを日本の文化として定着させたい」という理念のもと、(株)アイディアヒューマンサポートサービスを設立した。プロスポーツ選手や芸能人、企業経営者などのメンタルトレーニングの傍ら、多くの方にカウンセリングを学んでほしいと教育部門アカデミーを設立、心のケアの専門家の育成も行う。そのアイディアヒューマンサポートアカデミーで教えるコミュニケーションやモチベーションアップの独自のプログラムは、現在日本の多くの企業がメンタルの予防などで採用している。メンタルトレーニングの分野では、2005年、2006年プロテニスプレイヤー岩渕聡選手を全日本選手権大会で連続優勝に導いたのをはじめ、2008年北京オリンピックチームのメンタルトレーナーを担当。2010年より走り幅跳びの北京オリンピック日本代表選手で日本記録保持者、井村久美子選手の専属メンタルトレーナーに。アテネオリンピック金メダリスト米田功氏は著書に学び、引退後はアイディアヒューマンサポートサービスのメンタルトレーナーとして活躍中。また、阪神・淡路大震災やNY同時多発テロの後には、サポート活動を展開、社会貢献にも力を入れている。2002年日本文化振興会より心理カウンセラーとしては初の国際アカデミー賞を受賞。

編集協力　土橋あずさ
装丁・本文デザイン　志村謙（SKETCH）
イラスト・図版　スタジオ・キーストン

絶対に消えない「やる気」の起こし方
なぜか、努力が空回りしているあなたへ

2010年4月23日　初版第1刷発行
2014年2月17日　初版第2刷発行

著　者　浮世満理子
発行者　増田義和
発行所　実業之日本社
〒104-8233　東京都中央区銀座1-3-9
【編集部】03-3535-3361　【販売本部】03-3535-4441
振替 00110-6-326
実業之日本社のホームページ　http://www.j-n.co.jp/
印　刷　大日本印刷株式会社
製本所　株式会社ブックアート

　ISBN978-4-408-45268-5　Printed in Japan（趣味・実用）